Coline Bavois

Petits cadeaux à broder

10 modèles pour faire plaisir
et se faire plaisir

MANGO
éditions

Sommaire

Avant de commencer 7

Les modèles 17

Self Love

La broderie vous plaît ? Vous rêvez de gâter vos proches avec des cadeaux faits main, uniques et personnalisés ? Alors ce livre est fait pour vous ! Je vous propose 10 projets de broderie pour toute occasion : du mariage à la naissance, du petit cadeau de dernière minute au présent riche de symbolique ; pour célébrer une occasion, un lien, un souvenir, jusqu'au cadeau sans raison, simplement pour surprendre et faire plaisir à quelqu'un qui vous est cher. Ou pourquoi pas pour vous faire plaisir !

Si vous débutez, les explications en pas à pas vous guideront au fil de votre réalisation, pour une broderie sans stress et un résultat gratifiant. Si vous pratiquez déjà la broderie, ce livre vous incitera à aller plus loin, en personnalisant les projets à votre façon, par exemple en associant plusieurs techniques, en variant les supports ou en utilisant vos propres illustrations ! Vous y trouverez des idées originales pour explorer votre créativité et créer vos propres cadeaux brodés qui raviront vos proches. Les projets sont classés par ordre de difficulté, qu'elle soit plutôt technique ou artistique. N'hésitez pas à lire le pas à pas en entier avant de vous lancer pour avoir toutes les informations.

Découvrez ou retrouvez le plaisir méditatif de la broderie, le temps pour soi, la satisfaction de créer et l'émerveillement de recevoir un cadeau fait avec amour. Prêt·e à éblouir vos proches ?

À vous de jouer !

Coline

Avant de commencer

Matériel et équipement

Commençons par faire le tour du matériel nécessaire pour réaliser les projets du livre. Si vous brodez déjà, vous avez certainement déjà un kit de base. Sinon, vous trouverez tout ce qu'il vous faut en mercerie, en magasin de loisirs créatifs ou sur Internet. Pensez également au matériel de seconde main !

- **Fils à broder**
  Vous aurez besoin de fils de coton à broder mouliné, qui se présentent sous la forme d'échevettes de 6 brins séparables. Je recommande le Mouliné Spécial n° 25 de la marque DMC qui propose de nombreux coloris. La qualité est excellente, les couleurs résistent aux multiples lavages et à la lumière. Vous retrouverez cette marque dans toutes les bonnes merceries.

- **Aiguilles**
  Je vous conseille un assortiment d'aiguilles à broder type Crewel de taille 3 à 10, de la marque Bohin ou DMC. Il s'agit d'aiguilles mi-longues et pointues. Vous pourrez ainsi tester la taille qui vous convient le mieux et également l'adapter à votre ouvrage. Plus le chiffre correspondant à la taille est élevé, plus l'aiguille est fine. Prévoyez-en plusieurs car elles s'égarent facilement.

- **Tambour**
  Le tambour est un outil indispensable qui permet de tendre le tissu au cours de la broderie. On obtient ainsi un travail de qualité, qui est d'autant plus agréable à effectuer. Vous aurez besoin de plusieurs tambours au fil de ce livre, car certains auront également un but décoratif. Vous retrouverez les tailles nécessaires au début de chaque projet. Le diamètre indiqué correspond au diamètre extérieur du cercle intérieur. Les tambours en bois sont de meilleure qualité que ceux en bambou, le maintien du tissu est donc meilleur.

- **Tissus**
  Les projets de ce livre sont, pour la plupart, prévus pour être brodés sur des toiles de coton ou de lin. Le tissu ne doit être ni trop fin, ni trop épais. Il doit être suffisamment opaque et facile à traverser par une aiguille. Je vous conseille un coton percale ou une toile cretonne. Certains projets ne seront pas brodés sur ces toiles, mais le matériau de base sera spécifié.

- **Feutrine**
  Certains projets du livre seront brodés sur de la feutrine. Cette matière en fibres agglomérées naturelles ou synthétiques a l'avantage de ne pas s'effilocher. Elle est idéale pour faire des patchs brodés, des ornements ou des finitions aux dos des tambours.

- **Ciseaux**
  Munissez-vous d'une paire de ciseaux à broder d'une dizaine de centimètres aux bouts pointus et aux lames fines, qui vous serviront à couper le fil à broder. Je vous recommande également une paire de ciseaux plus grande, dédiée à la coupe du tissu et de la feutrine.

- **Épingles**
  Quelques épingles à tête seront très utiles pour maintenir ensemble plusieurs épaisseurs de tissu avant assemblage.

- **Mètre ruban et règle**
  Des outils indispensables pour mesurer avec précision tissu, fil et ruban.

- **Fer à repasser**
  Il sera très utile pour mettre à plat le tissu avant et après la broderie, mais aussi pour effacer les tracés effectués au stylo FriXion®.

Certaines créations présentées dans le livre nécessitent du matériel plus occasionnel qui sera mentionné pour chaque projet tels que des perles, des rubans ou du fil à coudre. Ces fournitures se trouvent facilement en mercerie.

Vous aurez également besoin de papeterie telle que du papier imprimante, du papier calque, un crayon à papier, des crayons de couleurs, une gomme, du scotch, de la colle liquide, des ciseaux papier... Si vous en possédez, une imprimante et éventuellement une table lumineuse peuvent être particulièrement pratiques.

OUTILS DE TRANSFERT

Stylo FriXion® de Pilot

Je recommande vivement cet outil pour l'usage de la broderie. Ce stylo permet de reporter facilement un motif sur un tissu clair et son encre s'efface à la chaleur d'un fer à repasser (faites un test sur votre matière avant de commencer car il peut parfois laisser une trace blanche sur les tissus colorés). Attention, l'encre peut cependant réapparaître lors d'une exposition à des températures négatives (dans la soute d'un avion, par exemple), mais s'efface à nouveau au contact de chaleur.

Criterium craie

Cet outil s'utilise comme une craie, mais permet un tracé aussi précis qu'un criterium. Je recommande celui de la marque Bohin qui propose des mines de plusieurs couleurs. La craie est effaçable à l'eau, ainsi que par friction.

Solufix

Ce transfert adhésif est un allié pour la broderie. Il permet à la fois de stabiliser les supports extensibles tels que la maille et de transférer facilement les motifs complexes sur des tissus clairs comme foncés. Il a l'avantage d'être hydrosoluble et se dissout facilement une fois la broderie terminée. Il n'est pas vendu dans toutes les merceries, mais se trouve facilement en ligne sur les sites Internet de merceries comme Rascol, par exemple. La marque DMC en propose sous le nom de Magic Paper. Son utilisation vous sera expliquée p. 10 et p. 55.

Techniques de base

• PRÉPARER LE TISSU

Si votre tissu est neuf, je vous recommande de le laver au préalable, pour enlever l'éventuel apprêt qui le recouvre. Repassez votre tissu afin qu'il soit bien lisse. Coupez un carré de la taille souhaitée. Le tissu doit être plus grand que votre broderie et que votre tambour. Pour un confort de travail et pour anticiper les finitions, je recommande de le faire dépasser d'au moins 6 cm tout autour du tambour.

• UTILISER ET TRANSFÉRER LES MOTIFS DU LIVRE

Certains modèles et alphabets sont disponibles via QR code. Il vous suffira de les scanner pour y avoir accès et pour pouvoir les imprimer.

Vous pouvez tout à fait redimensionner ou modifier l'orientation des modèles selon vos besoins avant de les imprimer.

• TRANSFÉRER LE MOTIF

Par transparence

1. Reportez votre motif sur une feuille de papier classique, manuellement ou à l'aide d'une imprimante.
2. Scotchez la feuille sur une fenêtre. Vous pouvez également utiliser une table lumineuse.
3. Par transparence, ajustez le tissu à broder pour que le motif se trouve au centre de celui-ci. Scotchez ensuite votre tissu centré, par-dessus la feuille de papier.
4. Décalquez le motif visible par transparence à l'aide d'un outil de tracé effaçable. Même si la position contre la fenêtre est inconfortable, prenez le temps d'avoir un tracé précis : c'est la première étape pour une broderie réussie !

Avec le papier transfert Solufix

Vous pouvez également utiliser du papier transfert autocollant et hydrosoluble Solufix, pour décalquer votre motif, notamment si votre tissu est épais et qu'on ne voit pas par transparence, si le tissu est foncé, si la matière est fibreuse (feutrine ou maille), ou encore si le support ne peut pas être placé contre la fenêtre.

1. Scotchez le Solufix sur le motif à transférer.
2. Décalquez-le avec un stylo FriXion® ou à bille (n'utilisez pas une encre qui va baver au contact de l'eau) en utilisant la transparence d'une fenêtre si besoin.
3. Découpez le Solufix en laissant de la marge autour du motif.
4. Collez la partie adhésive sur votre support à broder.

• TENDRE LE TISSU DANS LE TAMBOUR

Le tambour se compose de 2 parties, un cercle extérieur muni d'une vis de serrage et un cercle intérieur.

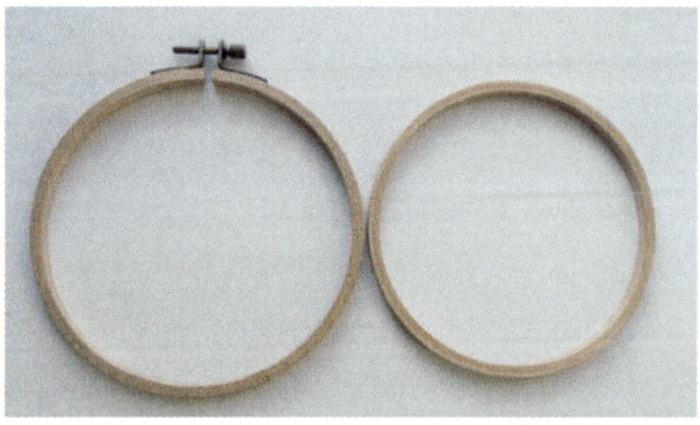

1. Dévissez le tambour pour séparer les 2 cercles.

2. Posez votre tissu sur le cercle intérieur et centrez votre motif. Dévissez bien le cercle extérieur et posez-le sur le tissu.

3. Exercez une pression pour que le cercle intérieur rentre dans le cercle extérieur en coinçant le tissu. La vis se trouve en haut, accessible par votre main dominante.

4. Serrez bien la vis. Ajustez si nécessaire, afin que le tissu soit bien tendu, comme une peau sur un tambour. Attention toutefois à ne pas déformer le tissu en tirant.

• UTILISEZ LE FIL

L'échevette de fil à broder est maintenue par deux bagues de papier où se trouve, entre autres, la référence de la couleur. Sur les fils à broder DMC, c'est l'extrémité située au niveau de la grande bague en bas de l'échevette qu'il faut tirer pour prélever le fil. Autrement, l'échevette risque de s'emmêler.

La longueur idéale de fil à couper est la distance entre l'extrémité de vos doigts et votre coude, sauf si la taille est précisée dans le projet. Cette longueur est à ajuster selon vos préférences. Une longueur trop petite ne sera pas confortable et une longueur trop grande aura tendance à faire des nœuds. Lorsque vous coupez une longueur sur une échevette, coupez les 6 brins à la fois, vous les séparerez ensuite.

Une échevette est composée de 6 brins séparables. Pour séparer les brins, tirez délicatement sur l'un d'eux pour l'extraire. Répétez l'opération pour avoir le nombre de brins nécessaires. Faites coulisser quelque fois les brins que vous allez utiliser entre votre le pouce et l'index pour les lisser. De cette façon, le fil va se détendre, son passage deviendra plus facile et cela évitera la formation de nœuds indésirables.

Lorsque le nombre de brins à utiliser est pair, je vous conseille de prendre le fil en double. Pour cela, il suffit de couper l'équivalent de deux fois la longueur de votre avant-bras, de prélever 2 brins si vous souhaitez broder à 4 brins, d'enfiler l'aiguille et de nouer les 4 extrémités. Cette astuce permet une broderie plus fluide et agréable, car elle rend le passage de l'aiguille plus facile. Elle fonctionne aussi pour broder avec 2 ou 6 brins, tant que le nombre est pair. Prendre le fil à double permet à l'aiguille de ne pas se désenfiler, mais si vous avez des points à défaire au cours de votre broderie, le fil à double rendra cette étape plus compliquée.

• ENFILER L'AIGUILLE

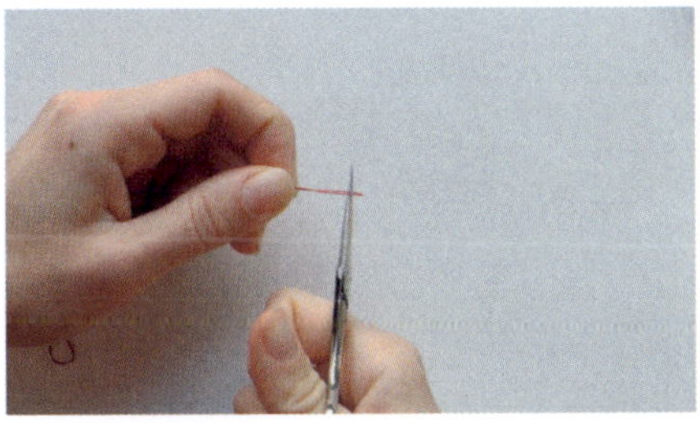

1. Commencez par couper très nettement l'extrémité du ou des fils, afin qu'il(s) ne s'effiloche(nt) pas. Vous pouvez humidifier l'extrémité, puis l'aplatir, afin de rassembler les brins et faciliter l'enfilage.

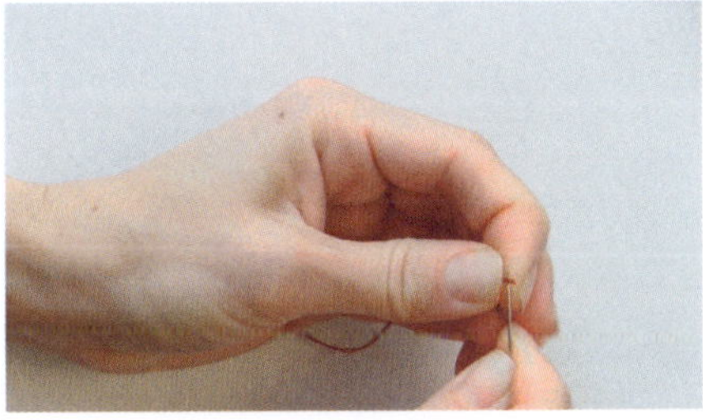

2. Tenez l'extrémité du fil entre votre pouce et votre index : seulement 1 mm doit dépasser. Avec l'autre main, tenez l'aiguille entre votre pouce et votre index, et maintenez-la perpendiculaire à l'extrémité du fil de ce dernier, le chas à plat dirigé vers le fil. Placez l'aiguille au bord du fil et appuyez doucement pour faire entrer le fil dans le chas en relâchant la pression exercée sur le fil au fur et à mesure.

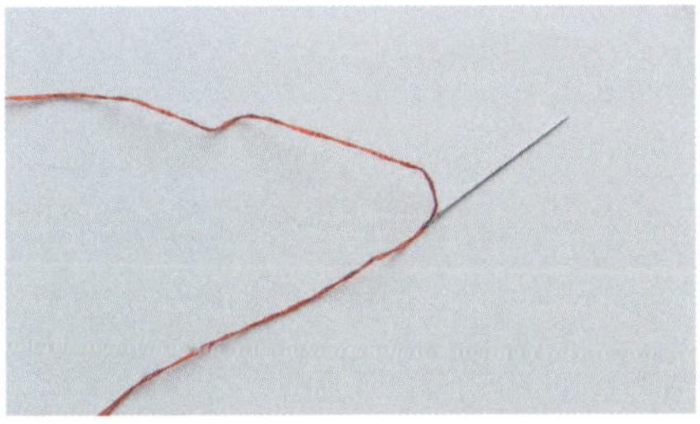

3. Attrapez ensuite l'extrémité enfilée et tirez sur le fil pour éviter qu'il ne ressorte. Il est confortable de broder avec au moins 10 cm de jeu entre le chas de l'aiguille et l'extrémité du fil. On appelle une « aiguillée » tout fil enfilé dans une aiguille.

Astuce :
Vous pouvez également utiliser un enfile-aiguille qui fera le travail pour vous.

• DÉMARRER LE FIL

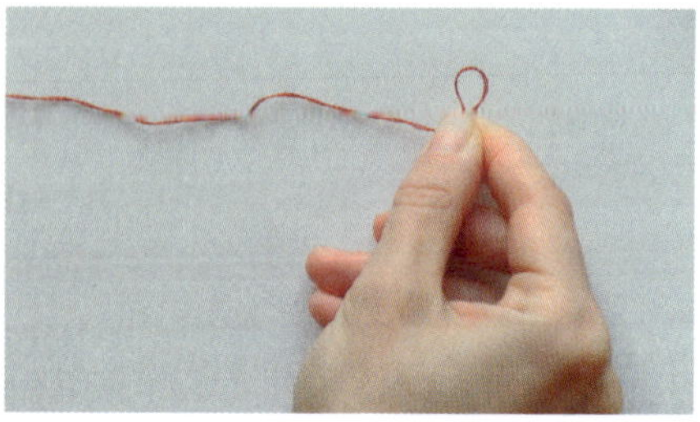

1. Une fois l'aiguille enfilée, formez une boucle avec l'extrémité du fil.

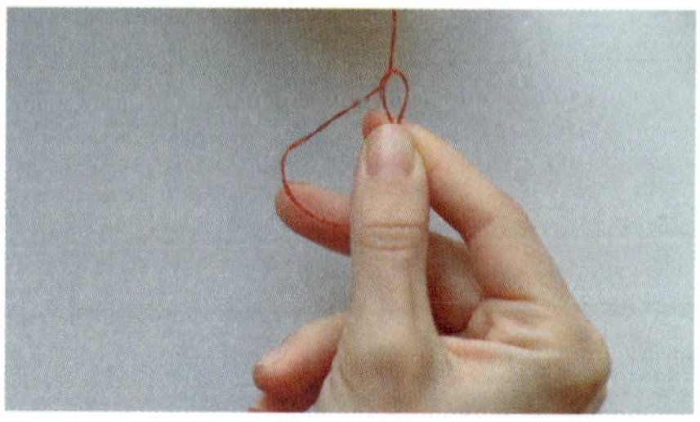

2. Passez cette extrémité dans la boucle.

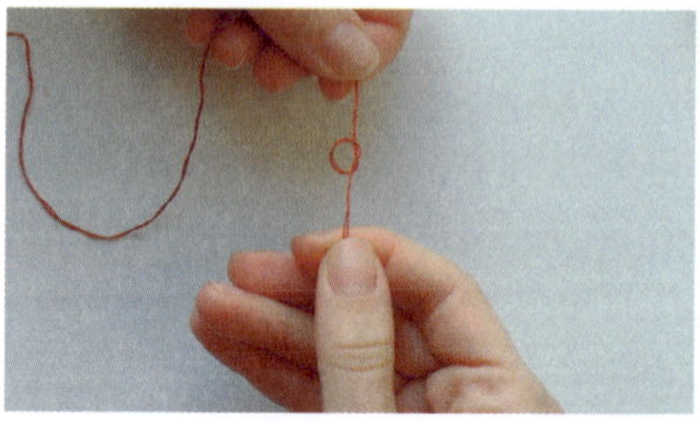

3. Tirez pour former le nœud. Effectuez un second nœud sur le premier si vous utilisez un brin. Au-delà d'un brin, un seul nœud suffit.

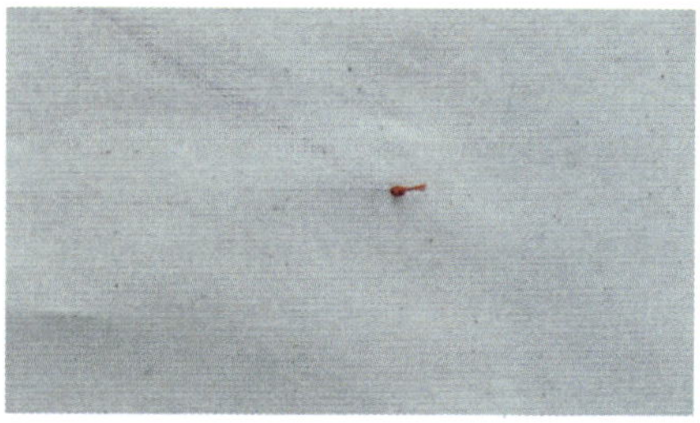

4. Piquez l'aiguille sur l'envers au début de la ligne à broder et sortez-la sur l'endroit en tirant le fil vers vous, jusqu'à ce que le nœud se loge contre le tissu et bloque le fil.

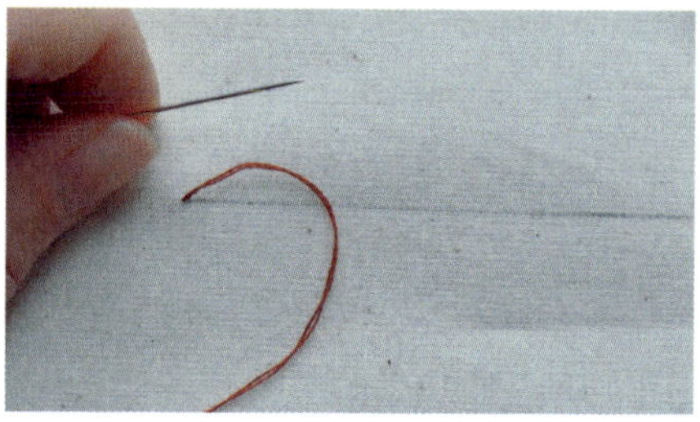

5. Ne tirez pas trop fort, afin que le nœud ne transperce pas le tissu. Le fil est prêt à être brodé.

• ARRÊTER LE FIL

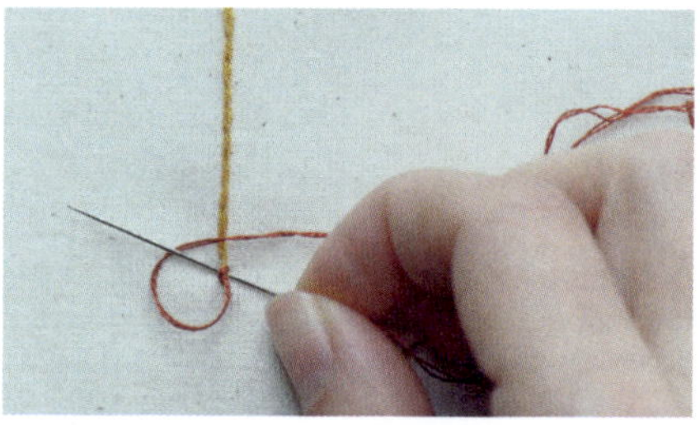

1. Sur l'envers, passez l'aiguille sous un point brodé, puis repassez-la dans la boucle formée. De cette façon, un nœud va se former au bord du point brodé sur l'envers.

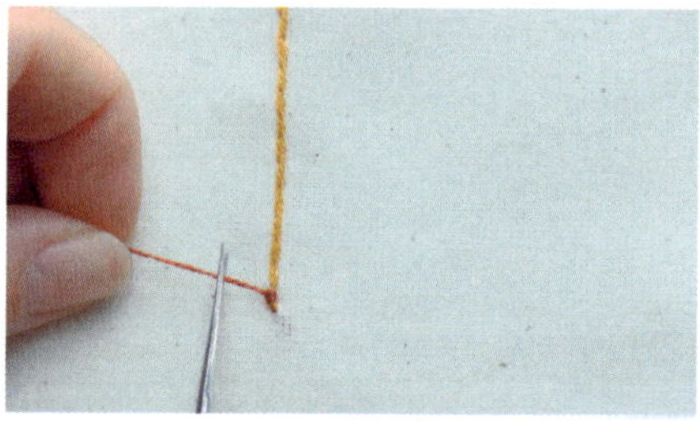

2. Répétez l'opération deux ou trois fois au même endroit, puis coupez le fil à 1 cm.

Les points de broderie

Voici les neuf points de broderie de base qui vous serviront pour les projets de ce livre. Vous en découvrirez d'autres au fil des projets qui seront expliqués dans les pas à pas. Il existe un grand nombre de points de broderie, vous pouvez tout à fait intégrer d'autres points que vous connaissez dans les projets proposés. Si vous débutez, n'hésitez pas à faire des essais sur un tissu avant de vous lancer.

Point avant

Ce point est le plus instinctif des points de broderie. Il permet de broder une ligne en pointillé.

Marche à suivre : Sortez l'aiguille en A sur l'endroit, piquez-la en B. Sortez en C. La distance entre A et B est la même qu'entre B et C. Vous pouvez également choisir deux longueurs différentes pour le point de dessus et le point de dessous.

Il est possible de broder plusieurs points en même temps, en faisant passer l'aiguille plusieurs fois dessus et dessous sans la sortir sur l'envers, puis en tirant l'aiguille sur l'endroit pour que les points se forment.

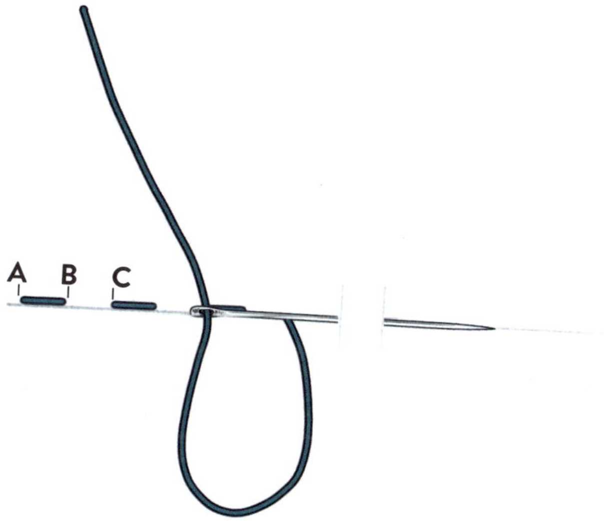

Point arrière

C'est le point le plus neutre et passe-partout de la broderie.

Marche à suivre : Le point arrière se brode de la droite vers la gauche. Sortez en A, revenez en arrière et piquez en B, là où commence votre ligne. La distance entre A et B correspond à la longueur de point souhaitée. Sortez en C et piquez en A. Réduisez la taille du point pour les courbes et les détails. Il est également possible de broder le point en une seule fois, comme sur le schéma, lorsque vous vous sentirez à l'aise. Cette méthode est plus rapide, mais moins précise.

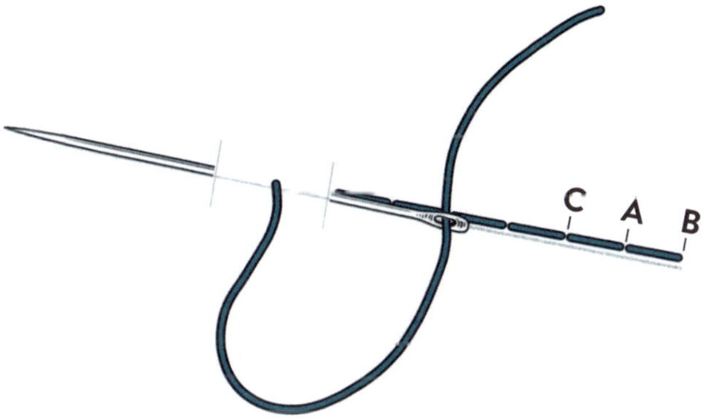

Point de tige

Ce point permet d'obtenir des lignes torsadées. Le rendu est plus continu et lisse que le point arrière dans lequel on distingue la séparation entre chaque point.

Marche à suivre : Sortez l'aiguille en A, puis piquez-la en B sans tirer le fil qui forme donc une boucle. Sortez l'aiguille en C, à mi-chemin entre A et B. La boucle formée se trouve derrière l'aiguille, celle-ci ne passe pas à travers. Tirez l'aiguille et le fil pour que la boucle vienne s'aplatir contre le tissu et former le point. Pour une courbe concave, vous pouvez placer la boucle devant l'aiguille, mais veillez à ne pas changer de sens au cours d'une même ligne, afin que le point se forme correctement.

Pour avoir des angles nets, un petit point perpendiculaire permet de maintenir le point de tige bien en place.

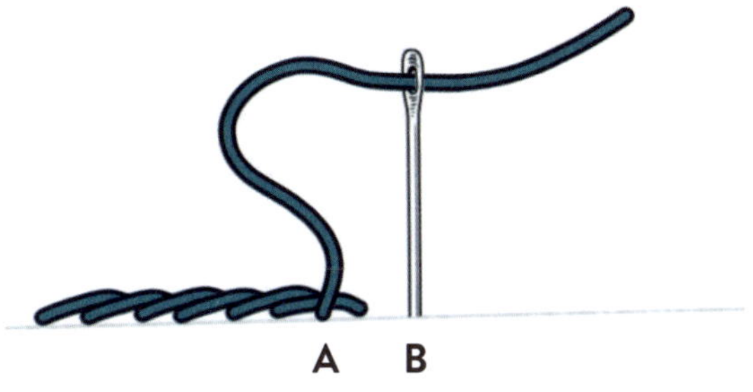

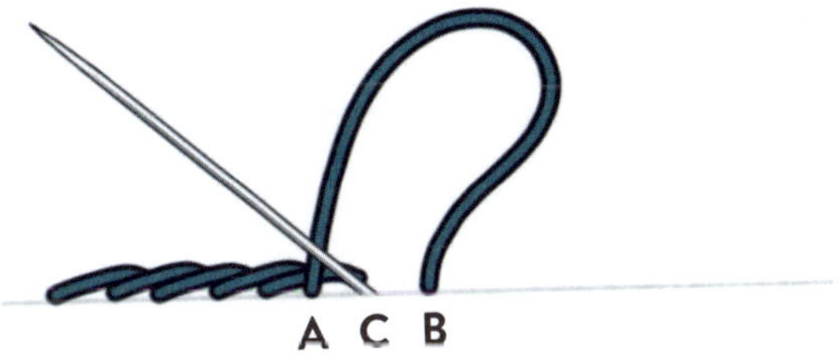

Point de feston

Ce point graphique forme une ligne et des picots perpendiculaires à celle-ci.
C'est également un point très utile pour poser un patch ou un disque de feutrine en finition au dos d'un tambour.

Marche à suivre : Sortez l'aiguille en A sur la ligne à broder. Piquez en B perpendiculairement et sortez directement en C sur la ligne, sans sortir l'aiguille sur l'envers, et tirez sur le fil. L'aiguille passe par-dessus le fil et forme une sorte de boucle. La distance entre A et C correspond à l'espacement souhaité entre les picots. Piquez l'aiguille en D, puis en E en passant par-dessus le fil et continuez. Pour terminer le point, sortez l'aiguille sur la ligne de gauche sur le schéma, et piquez par-dessus le fil pour maintenir le feston, puis arrêter le fil sur l'envers.

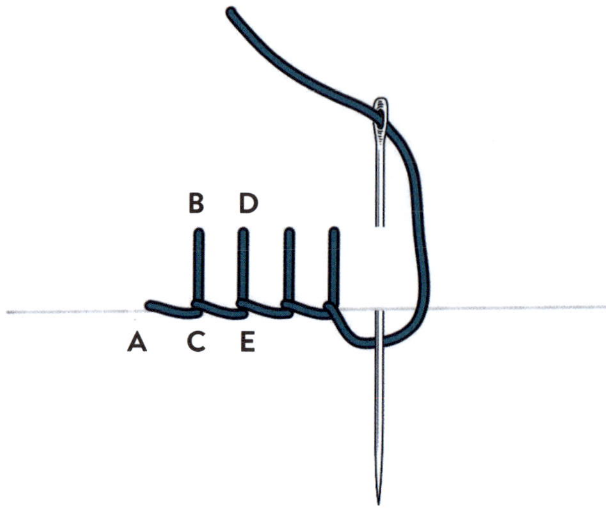

Point de bouclette

Ce point est un point de chaînette isolé, il forme une sorte de goutte ou de pétale.

Marche à suivre : Sortez en A, repiquez en A puis sortez sur l'endroit en B, sans sortir l'aiguille sur l'envers et sans trop tirer sur le fil. Passez le fil sous l'aiguille, puis tirez doucement sur celle-ci pour former une boucle. Repiquez l'aiguille en B en passant au-dessus de la boucle, pour former le point de maintien et sortez l'aiguille sur l'envers.

Vous pouvez remplir la bouclette avec 1 ou 2 points lancés (voir étape 6, p. 47) en passant par-dessus celle-ci.

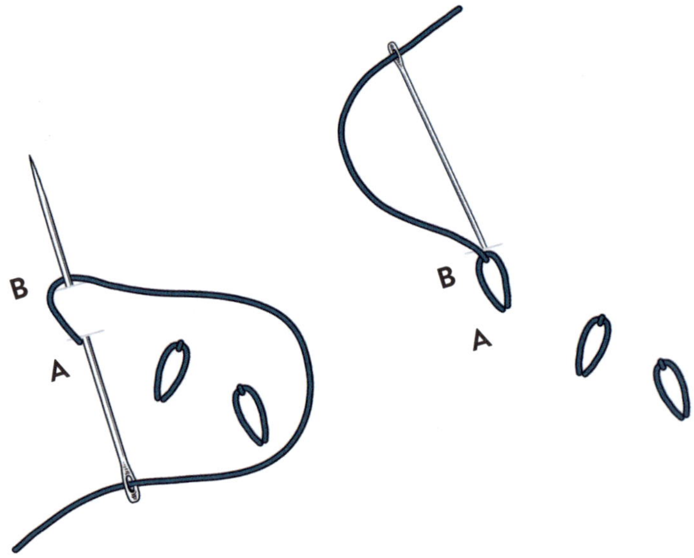

Point de chaînette

Ce point décoratif forme des maillons de chaînette. Il permet d'obtenir des lignes travaillées avec un peu de relief.

Marche à suivre : Sortez en A, piquez juste à côté et ressortez directement sur l'endroit en B, sans tirez l'aiguille sur l'envers. Passez le fil sous l'aiguille, puis tirez l'aiguille pour que la boucle et votre premier point se forment. Répétez en piquant dans la boucle en B juste à côté du fil sortant, puis en C sans tirer l'aiguille sur l'envers et passez le fil sous l'aiguille. Pour finir une ligne ou changer de fil, formez votre dernière boucle, puis piquez juste en dehors en la chevauchant, comme pour le point de bouclette. Faites de même pour des angles nets.

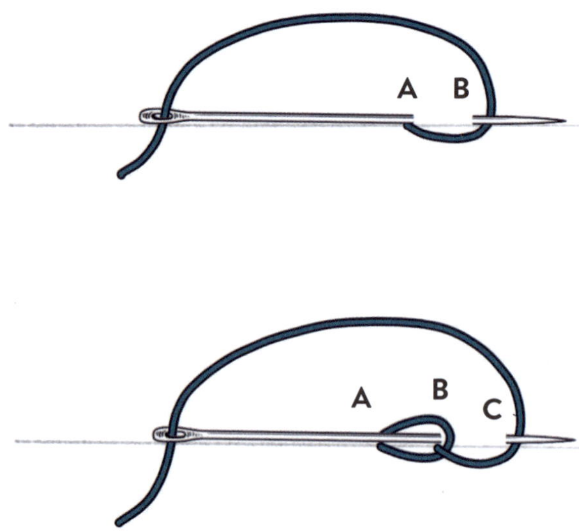

Point de surjet

Ce point va vous permettre d'assembler deux épaisseurs de tissu.

Marche à suivre : Sortez l'aiguille en A, plantez-la en B sur l'autre épaisseur de tissu et sortez-la perpendiculairement en B' en traversant les 2 épaisseurs de tissu. Plantez ensuite l'aiguille en C, sortez-la en C' et continuez ainsi.

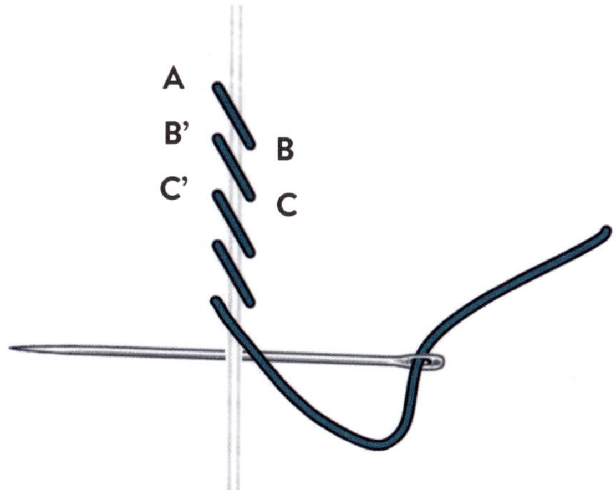

Point de passé plat

Ce point est une succession de lignes brodées côte à côte, pour former un remplissage.

Marche à suivre : Commencez du milieu vers l'extérieur de votre forme à remplir. Sortez en A en haut de la forme et piquez en B en bas de la forme, et continuez ainsi, jusqu'à remplir la forme. Les points se touchent afin de ne pas avoir d'espace vide.

Pour un rendu bien net, vous pouvez broder le contour de votre forme au point arrière, avant le remplissage. Pour un remplissage en courbe, les points sont côte à côte en A, mais peuvent se superposer en B, à la manière d'un éventail.

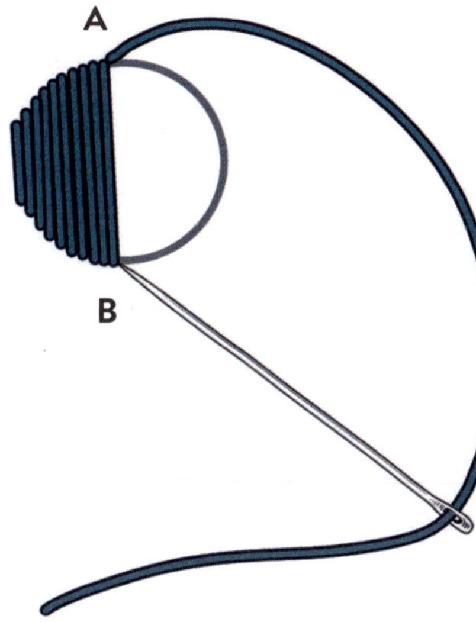

Point de graine

Ce point forme un nœud décoratif, il donne un effet de texture et de relief.

Marche à suivre : Sortez l'aiguille sur l'endroit. Maintenez le chas de l'aiguille entre le pouce et l'index gauche. Enroulez une ou plusieurs fois le fil autour de l'aiguille, avec le pouce et l'index droit. Avec la main gauche, piquez l'aiguille à la base du fil et faites coulisser de la main droite le nœud formé autour de l'aiguille jusqu'au tissu, en tirant délicatement sur le fil. Le coulissage du nœud le long de l'aiguille garantit le bon rendu du point.

Tirez l'aiguille sur l'envers et accompagnez le nœud avec le doigt pour qu'il se positionne bien contre le tissu. Ne tirez pas trop fort afin de ne pas faire passer le nœud sur l'envers du tissu.

Vous pouvez faire varier le nombre de brins de l'aiguillée et le nombre de tours de fil autour de l'aiguille pour jouer sur la taille et la texture du point.

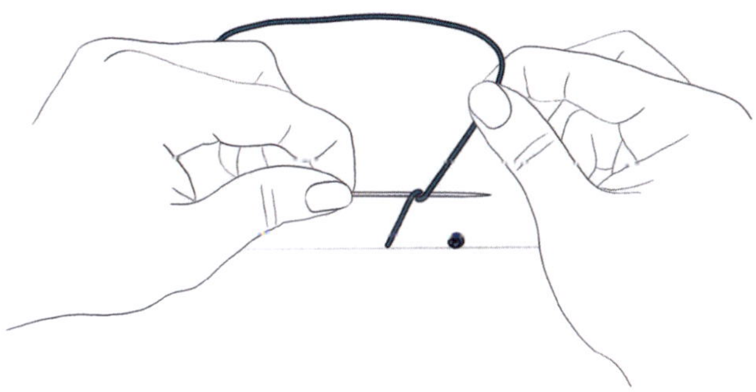

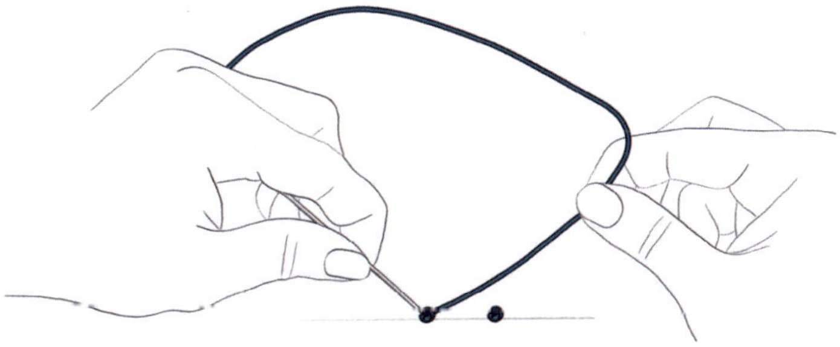

Les modèles

Cartes de vœux

Voici un projet idéal pour découvrir la broderie sur papier, qui plus est, rapide à réaliser. Ces cartes brodées accompagneront à merveille les cadeaux, les vœux ou les petits mots pour les personnes qui vous sont chères. Vous découvrirez le point de Rhodes, un point graphique qui se brode en comptant.

Matériel :

- Papier Canson ou Bristol entre 200 et 300 g/m² blanc ou de couleur aux dimensions de 21 × 14,8 cm par carte
- Une grosse épingle
- Cutter
- Marteau
- Règle métallique
- Fil à broder DMC Mouliné Spécial : rose, coloris 915 ; jaune, coloris 783 ; bleu canard, coloris 3847 ; marron, coloris 167 ; vert olive, coloris 580
- Perles de rocailles

Points utilisés :

- Point arrière, voir p. 13
- Point de Rhodes

MODÈLES

Préparation :

1. Tracez au crayon à papier le contour de la carte : 21 × 14,8 cm. Marquez le milieu de la carte à 10,5 cm. Coupez la carte en suivant les tracés à l'aide d'un cutter, d'un tapis de découpe et d'une règle en métal. Vous pouvez également utiliser une paire de ciseaux. Marquer la pliure au milieu de la carte.

2. Photocopiez le motif ou décalquez-le (voir p. 20), puis découpez-le. Positionnez-le sur côté droit de la carte dépliée et maintenez-le provisoirement avec de la Patafix®. Percez chaque trou à l'aide d'une grosse épingle. Vous pouvez vous aider d'un tapis de découpe et d'un marteau si nécessaire. Respectez bien l'emplacement et le nombre de trous.

3. Retirez la Patafix® et le motif. Les cartes sont prêtes à être brodées.

CŒUR

1. Préparez une aiguillée d'environ 90 cm avec 2 brins, effectuez un nœud à l'extrémité. Sortez l'aiguille sur l'endroit de la carte, au centre du cœur, au point 1. Venez ensuite piquer dans le point 20. Continuez avec cet intervalle de 20 points : le point 2 se relie au point 21, le point 3 au point 22 et ainsi de suite. Vous brodez ici le point de Rhodes où les fils se croisent et s'empilent les uns après les autres, à intervalle régulier. Veillez à la tension du fil, elle ne doit être ni trop lâche, afin que les fils soient tendus, ni trop serrée, afin de ne pas déchirer le papier.

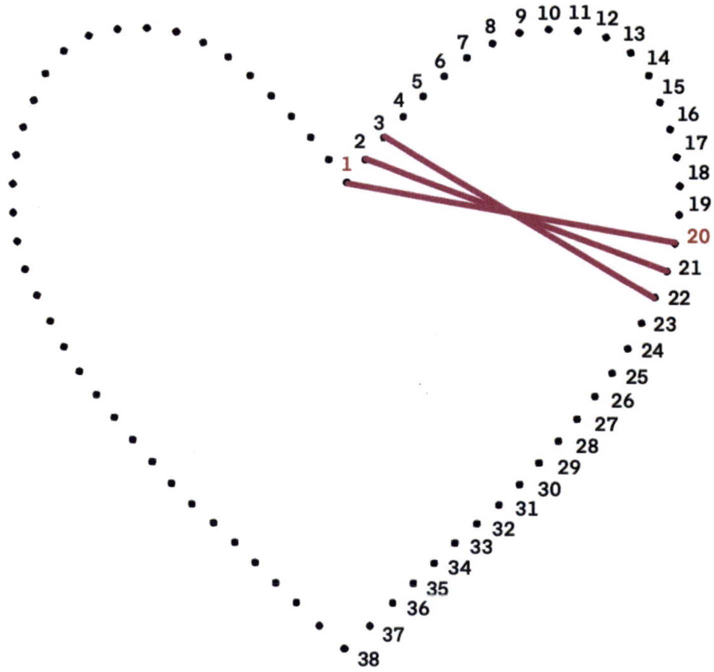

2. Continuez ainsi jusqu'au point 38 en bas du cœur. Arrêtez le fil à l'intérieur de la carte en passant l'aiguille sous les croisillons de fils et nouez-le 2 fois.

3. Brodez ensuite le côté gauche du cœur en symétrie avec le même intervalle. Vous passerez une 2e fois dans les trous 1 et 38 pour broder le côté gauche.

TRÈFLE

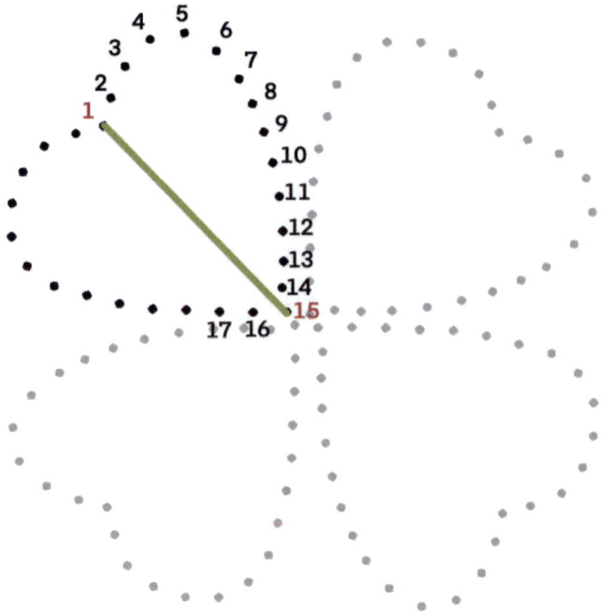

1. Préparez une aiguillée d'environ 80 cm avec 2 brins verts, et effectuez un nœud à l'extrémité. Sortez l'aiguille sur l'endroit de la carte, au milieu haut d'une des feuilles. Le nœud vient se loger contre la perforation, à l'intérieur de la carte.

2. Venez ensuite piquer à l'extrémité de la feuille, sur le point 15 indiqué sur le schéma.

3. Continuez de broder en point de Rhodes avec cet intervalle de 15 chiffres. Le point 2 se reliera au point 16, le point 3 au point 17 et ainsi de suite, jusqu'à compléter la feuille.

4. Une fois la feuille terminée, arrêtez le fil à l'intérieur de la carte en passant l'aiguille sous les croisillons de fils et nouez-le 2 fois.

5. Brodez les 3 feuilles restantes en répétant les étapes 1 à 4.

6. Brodez ensuite la tige au point arrière avec 2 brins.

SAPIN

1. Avec une aiguillée à 2 brins d'une première couleur, brodez des passages de guirlandes en passant d'un côté à l'autre du sapin. Il n'y a pas d'intervalles à respecter ici, il s'agit d'une broderie plus libre que les deux précédentes.

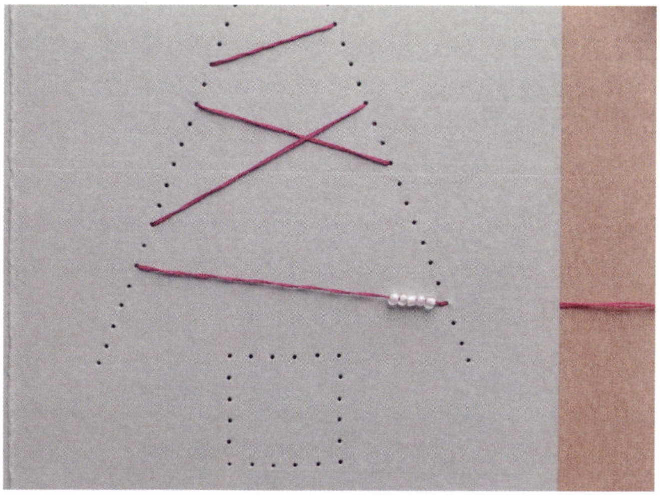

2. Vous pouvez de temps en temps enfiler une rangée de perles pour ajouter de la fantaisie au sapin.

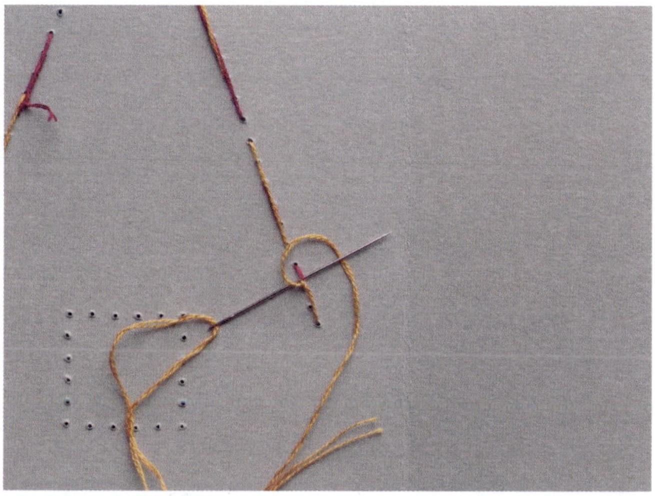

3. Arrêtez le fil en le nouant avec un point proche à l'intérieur de la carte.

4. Continuez les passages avec une 2e couleur.

5. Continuez avec une 3e couleur afin de passer dans les derniers trous.

6. Pour le pied du sapin, préparez une aiguillée de 2 brins marron. Commencez par relier entre eux les points verticaux de façon aléatoire, puis les points horizontaux. Finissez par broder l'étoile avec 2 brins jaunes en reliant les points.

Patchs en feutrine

Ces patchs brodés donnent de furieuses envies de personnalisation ! Banane, casquette, sac ou encore veste sont parfaits pour recevoir cette petite touche brodée. Les patchs sont simples et rapides à broder, parfaits en cadeaux de dernière minute !

Matériel :

- Environ 20 × 20 cm de feutrine, de 2 couleurs différentes pour chaque patch
- Fils à broder DMC Mouliné Spécial : rose, coloris 915 ; gris, coloris 3799 ; jaune, coloris 783 ; bleu canard, coloris 3847 ; bleu clair, coloris 3813
- Solufix
- Facultatif : support de broche à coudre ou thermocollant double face type bande d'ourlet rapide

Points utilisés :

- Point arrière, voir p. 13
- Point de chaînette, voir p. 14
- Passé plat, voir p. 15
- Point de feston, voir p. 14
- Point de surjet, voir p. 15

MODÈLES

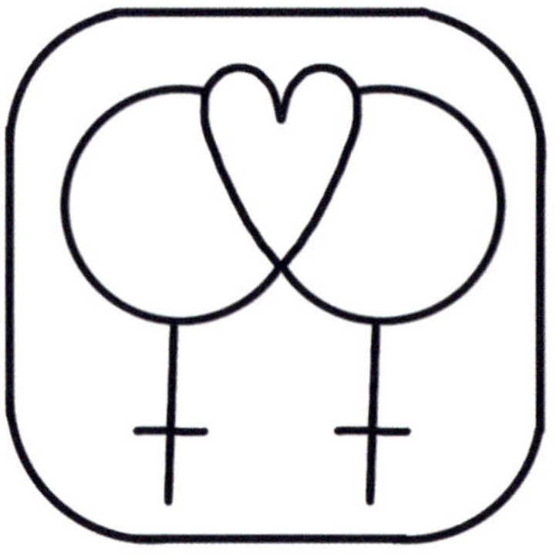

Self Love

PATCH VICTOIRE

1. Transférez le motif sur le Solufix et collez-le sur la feutrine grise. Tendez la feutrine sur le tambour.

2. Brodez les contours de la main au point arrière avec 2 brins de fil gris.

3. Brodez les ongles au passé plat avec 3 brins de fil rose.

4. Découpez la feutrine et le Solufix sur la ligne extérieure. Épinglez le patch sur la feutrine rose. Avec 2 brins de fil rose, brodez 1 point avant où le point du dessus est court et où le point du dessous est long, en prenant les 2 épaisseurs de feutrine. Il forme ainsi une sorte de pointillé sur l'endroit.

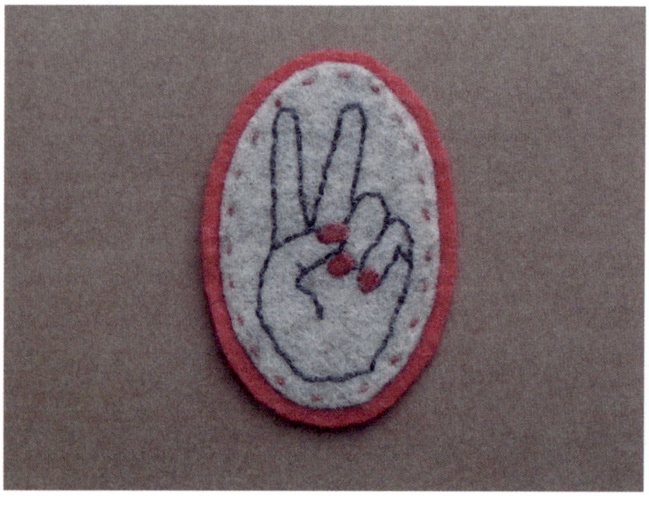

5. Dissolvez le Solufix (voir T-shirt à message, étape 10, p. 55) et coupez la feutrine rose à 3 mm de la feutrine grise.

PATCH FILLES CŒUR ET FILLE ARC-EN-CIEL

1. Transférez les motifs sur le Solufix et collez-les sur les feutrines jaunes et vertes. Tendez la feutrine sur le tambour.

2. Brodez le motif cœur au point arrière avec 4 brins de fil rose.

3. Brodez le symbole féminin au point arrière avec 4 brins de fil rose.

4. Brodez l'arc-en-ciel au point de chaînette avec 2 brins : un rang rose, un rang jaune, un rang bleu canard et un rang bleu clair.

5. Découpez la feutrine et le Solufix. Épinglez le patch des filles sur la feutrine verte et celui de l'arc-en-ciel sur la jaune. Brodez 1 point avant où le point du dessus est court et où celui du dessous est long, avec 2 brins jaunes ou verts en prenant les 2 épaisseurs de feutrine.

6. Dissolvez le Solufix (voir T-shirt à message, étape 10, p. 55) et coupez la feutrine extérieure à 3 mm de la feutrine brodée.

PATCH SELF LOVE

1. Transférez le motif du cœur sur le Solufix et collez-le sur la feutrine rose. Tendez la feutrine sur le tambour. Brodez les contours au point arrière avec 2 brins gris.

2. Transférez la bannière sur le Solufix et collez-la sur la feutrine grise. Tendez la feutrine sur le tambour. Brodez les contours et le texte au point arrière avec 2 brins gris.

3. Dissolvez le Solufix (voir T-shirt à message, étape 10, p. 55), puis découpez les 2 éléments à 3 mm du bord. Posez la bannière sur le cœur et fixez-la, par quelques points de fil gris, sur la ligne de contours de la bannière. De cette façon, ils ne seront pas visibles.

FIXATION DES PATCHS

Pour fixer les patchs, quatre possibilités s'offrent à vous :

Au point de feston avec 2 brins de fil assorti ou contrastant.

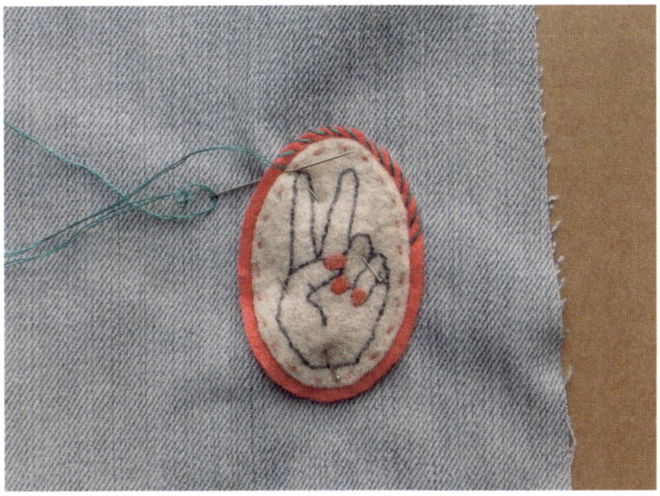

Au point de surjet avec 2 brins de fil assorti ou contrastant.

Avec du thermocollant double face, vous pouvez en trouver sous forme de bande d'ourlet express. Découpez et collez le thermocollant à l'aide d'un fer à repasser, en suivant les instructions du fabricant. La personne qui recevra le patch n'aura qu'à le fixer sur le support de son choix à l'aide d'un fer à repasser.

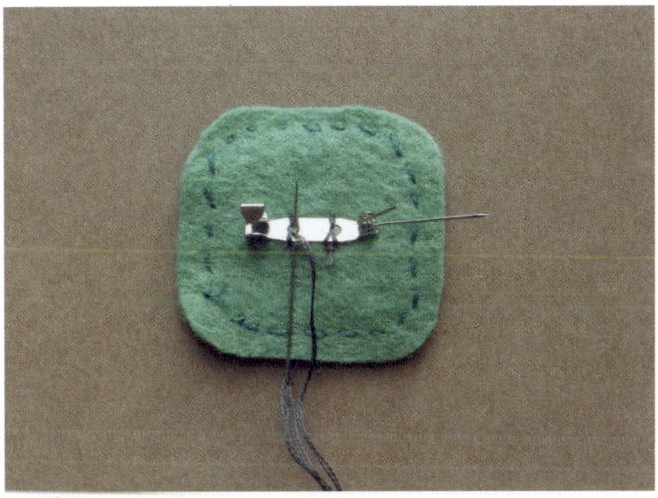

À l'aide d'un support de broche fixé par quelques points au dos du patch, idéal pour déplacer le patch au gré de ses envies.

Cadre photo

Un motif tout en légèreté pour mettre en valeur vos plus belles photos. La jolie finition au ruban de velours ajoutera une touche de couleur à tous les intérieurs. Une manière originale de garder près de soi ses plus beaux souvenirs.

Matériel :

- Tambour à broder de 30 cm de diamètre
- Toile de coton de 40 × 40 cm
- Fils à broder DMC Mouliné Spécial : rose fuchsia, coloris 915 ; vieux rose, coloris 356 ; beige, coloris 841 ; vert d'eau, coloris 502 ; bleu canard, coloris 3847
- 1 photo
- 1,60 m de ruban de velours de 1 cm de large assorti à vos fils à broder
- Disque de feutrine de 30 cm de diamètre pour le dos (optionnel)

Points utilisés :

- Point de feston, voir p. 14
- Point de chaînette, voir p. 14

Modèle à décalquer

1. Tendez le tissu sur le tambour, puis centrez et transférez le motif. Ce modèle est prévu pour une photo de 152 × 114 mm (format 11 × 15 cm). Si votre photo est d'un format différent, il vous suffira de découper les éléments papier du motif et de les replacer autour d'un rectangle au format de votre photo.

2. Les fleurs sont brodées au point de feston avec 2 brins, le 1er picot ressort à la base du 1er point pour commencer au bord de la ligne.

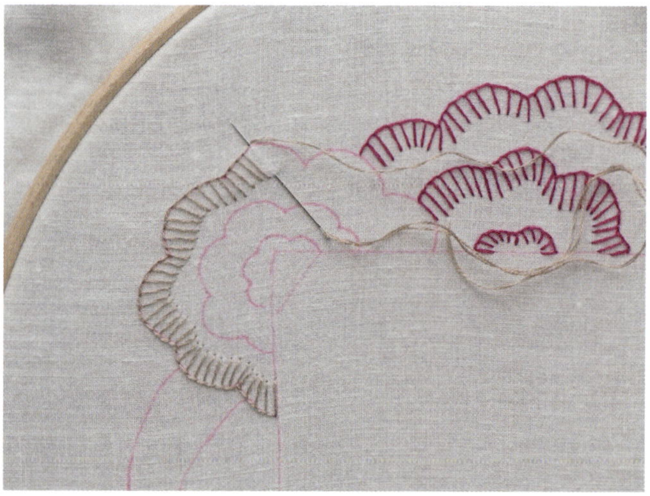

3. Adaptez l'inclinaison du picot du point de feston à l'arrondi des pétales. Brodez les 3 lignes de pétales pour terminer la première fleur.

4. Brodez les 2 autres fleurs avec des couleurs différentes.

5. Posez la photo dans l'emplacement, afin de vérifier si les lignes du cadre correspondent bien. Il se peut qu'elles se soient un peu déformées, suite à la tension du tissu et de la broderie. Retracez les lignes du côté droit si nécessaire, afin que les feuilles soient collées à la photo.

6. Brodez les feuilles avec un point de chaînette 2 brins. Commencez par le contour, continuez jusqu'à la pointe de la feuille, sortez l'aiguille à l'extérieur du dernier maillon, afin de bloquer celui-ci par un petit point. Replantez ensuite dans le maillon, pour continuer la ligne dans l'autre sens.

7. Continuez ensuite avec les nervures de la feuille, puis brodez les feuilles restantes.

8. Avec 2 brins, brodez en faisant 2 passages de fil de part et d'autre de la ligne des encoches qui permettront de maintenir la photo en place.

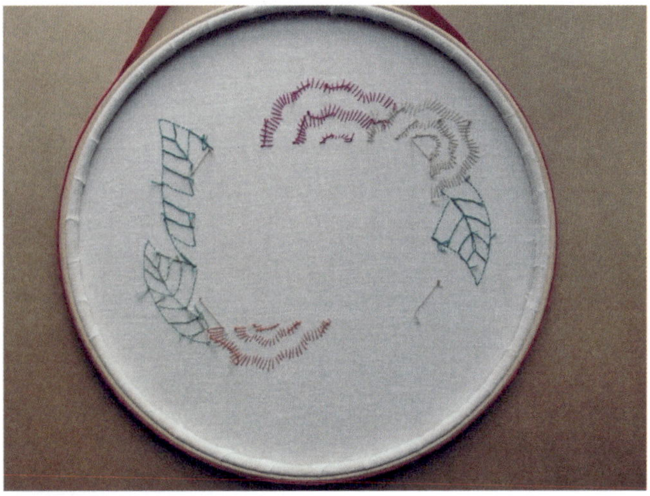

9. Choisissez une finition collée (voir Couronne végétale, p. 73) ou feutrine (voir Échographie brodée, p. 48) pour le dos du tambour.

10. Sur le tambour, faites une marque au crayon à papier à 10 cm de chaque côté de la vis, ainsi que sur le milieu bas du tambour. Coupez 160 cm de ruban de velours et marquez son milieu à l'aide d'une épingle.

11. Collez le ruban sur le bord externe du tambour, en commençant par positionner le milieu du ruban sur le milieu bas du tambour. Continuez à coller le ruban jusqu'aux repères à 10 cm de la vis.

12. Réalisez un joli nœud avec le ruban et coupez les extrémités en biseau. Glissez votre photo dans les encoches. Le cadre est prêt à être suspendu. La photo reste donc amovible et peut être changée.

Porte alliances sur tambour

Et si vous brodiez le porte alliances pour le mariage d'un être cher ? Ce support sensible et délicat saura trouver sa place pour des noces aux ambiances bucoliques, bohèmes ou même châtelaines. Un précieux cadeau que les époux pourront accrocher chez eux en souvenir de cette belle journée et qui deviendra peut-être un héritage familial.

Matériel :

- Tambour à broder de 17 cm de diamètre
- Toile de coton ou de lin 30 × 30 cm
- 50 cm de ruban d'organza de 0,5 cm de large
- Fils à broder DMC Mouliné Spécial : beige rosé, coloris 841 ; écru, coloris 712
- Disque de feutrine de 17 cm de diamètre
- Briquet

Points utilisés :

- Point de chaînette, voir p. 14
- Point de graine, voir p. 15
- Point de passé plat, voir p. 15
- Point de feston (finition dos), voir p. 14

Alphabet et motif

E & S
30.06.2024

1. Commencez par composer votre broderie à l'aide du motif et de l'alphabet disponible dans le QR code (voir p. 38). Vous pouvez créer une composition symétrique ou non, mettre les prénoms des époux en entier ou seulement leurs initiales, créer un monogramme en fusionnant leurs deux initiales, ajouter plus de texte… À vous de choisir et de laisser libre cours à votre créativité ! Vous pouvez également utiliser la bibliothèque de végétaux (voir p. 76) pour créer votre propre composition. J'ai choisi une broderie monochrome, sobre et élégante, mais vous pouvez aussi assortir la broderie aux couleurs du mariage.

2. Transférez le motif et tendez le tissu dans le tambour.

3. Brodez les contours de la lettre au point de chaînette à 1 brin.

4. Remplissez ensuite l'intérieur des lettres au point de chaînette à 1 brin.

5. Brodez ensuite la date, réduisez la taille du point de chaînette afin d'obtenir de la précision. Si vous êtes peu à l'aise avec ce point, vous pouvez aussi broder la date au point arrière à 2 brins. Brodez les points de séparation au point de graine en effectuant 3 tours autour de l'aiguille avec le même fil que les chiffres.

6. Brodez ensuite les tiges et les feuilles au point de chaînette à 1 brin. Pour avoir de beaux angles, piquez à l'extérieur de la chaînette (voir Cadre photo, étape 6, p. 35).

7. Avec la même couleur de fil, brodez les fleurs au passé plat à 2 brins en commençant par le rang de pétales extérieur.

8. Brodez le second rang de pétales avec le même fil.

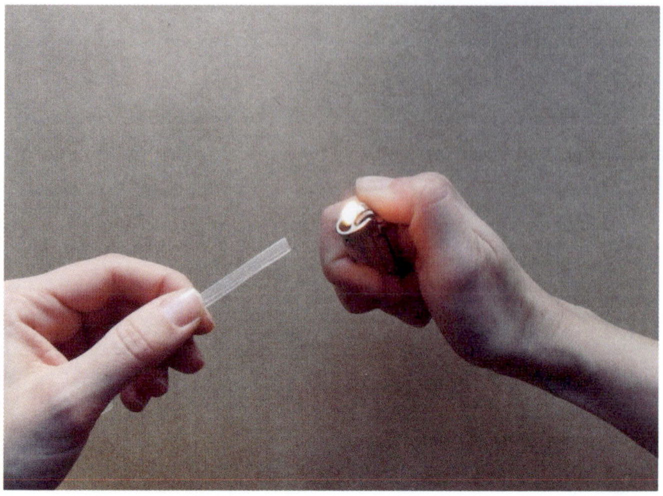

9. Brodez le cœur des fleurs au passé plat 2 brins avec un fil assorti au ruban des alliances, ici écru.

10. Brûlez délicatement les extrémités du ruban avec un briquet pour qu'elles ne s'effilochent pas.

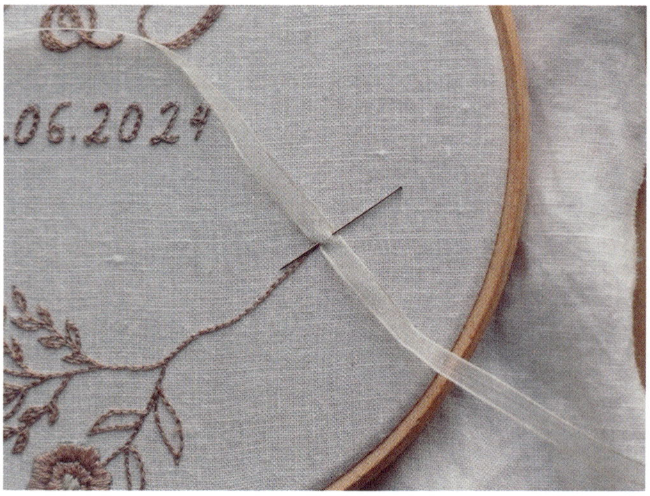

11. Épinglez le ruban en son milieu, perpendiculaire à la tige brodée.

12. Fixez-le avec quelques points arrière au fil assorti.

13. Effacez les tracés, repassez le tissu et recentrez la broderie si besoin.

14. Effectuez une finition en ajoutant de la feutrine au dos (voir Échographie brodée, p. 48).

15. Il ne restera plus qu'à placer les alliances dans le ruban le jour J !

Astuce:
Vous pouvez aussi offrir cette broderie pour célébrer un anniversaire de mariage ! Dans ce cas, le ruban n'est pas nécessaire.

Échographie brodée

Immortaliser en broderie la première rencontre avec son bébé ? C'est l'idée que je vous propose ici avec une échographie brodée. Un cadeau sensible, poétique et personnalisé qui saura émouvoir les parents. Découvrez une broderie libre et instinctive à travers le point lancé.

Matériel :

- Tambour à broder de 16 cm de diamètre
- Toile de coton bleu marine de 25 × 25 cm
- Environ 15 × 20 cm de Solufix
- Fils à broder DMC Mouliné Spécial : écru, coloris 712
- Disque de feutrine de 16 cm de diamètre
- Échographie de bébé

Points utilisés :

- Point de feston (finition dos), voir p. 14
- Point arrière, voir p. 13
- Point de tige, voir p. 13
- Point lancé

GABARIT :

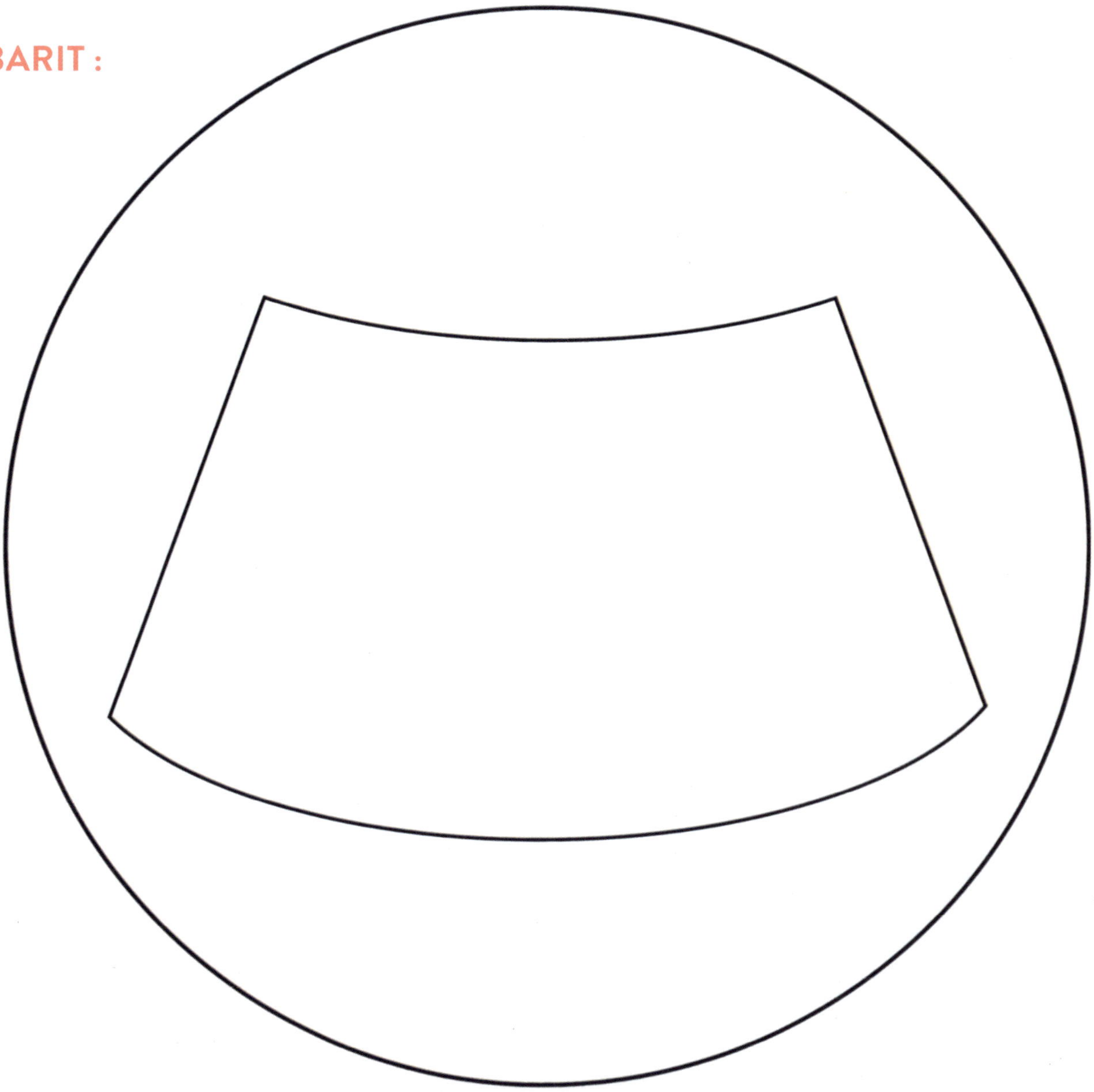

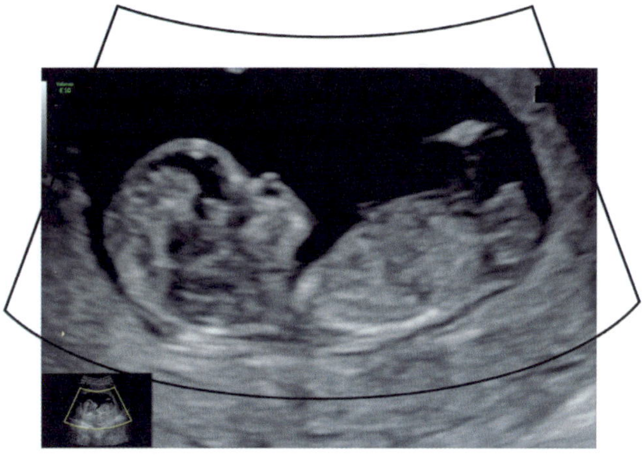

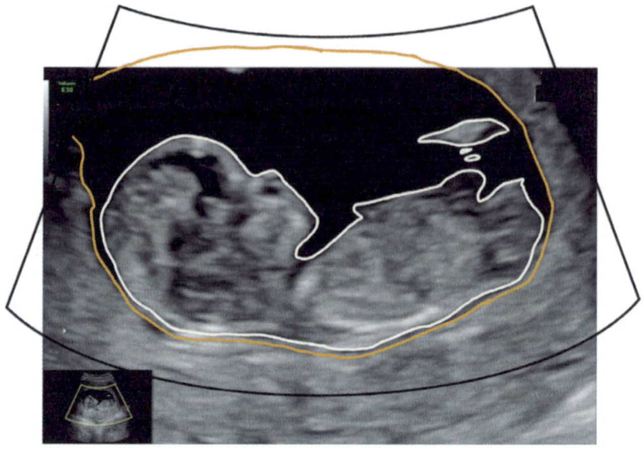

1. Commencez par choisir une vue d'échographie qui vous plaît. J'ai choisi ici une vue de profil où le bébé apparaît en entier dans son environnement. L'échographie que j'utilise est rectangulaire et n'a pas cette forme de trapèze incurvé typique des échographies, comme représenté en bas à gauche. Je vais donc reproduire cet effet à l'aide du gabarit présenté p. 44 adapté à une broderie sur un tambour de 16 cm de diamètre.

2. Décalquez le gabarit sur du papier calque. Positionnez le calque sur l'échographie afin de centrer le gabarit et maintenez le calque avec du ruban adhésif. Avec un crayon à papier, dessinez les contours du bébé (ici en blanc) et de son environnement (ici en jaune) à l'intérieur du gabarit. Aidez-vous de la vue en bas à gauche pour dessiner l'environnement si besoin. Laissez un petit espace entre le bas du bébé et son environnement afin qu'il ressorte mieux.

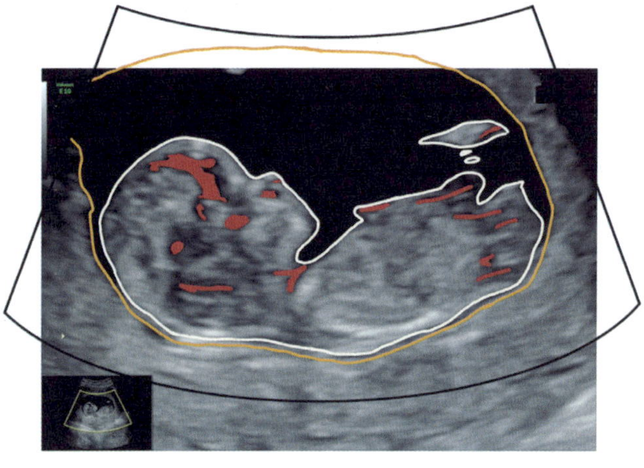

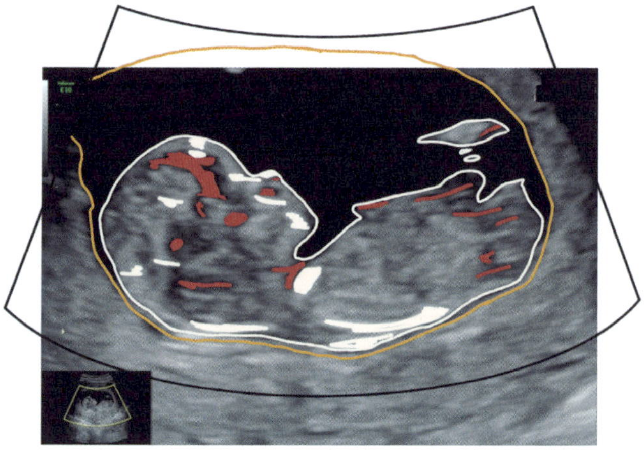

3. Définissez les zones les plus foncées à l'intérieur du bébé. Il s'agit des endroits qui ne seront pas brodés. Vous pouvez plisser les yeux pour vous aider à les déterminer parmi les nuances de gris. Marquez ces zones sur le papier calque en rouge pour vous rappeler qu'il ne faudra pas broder à ces endroits.

4. Concentrez-vous à présent sur les zones les plus claires et blanches à l'intérieur du bébé. Ce seront les endroits les plus denses en broderie. Marquez-les au crayon à papier (ici en blanc) sur votre calque.

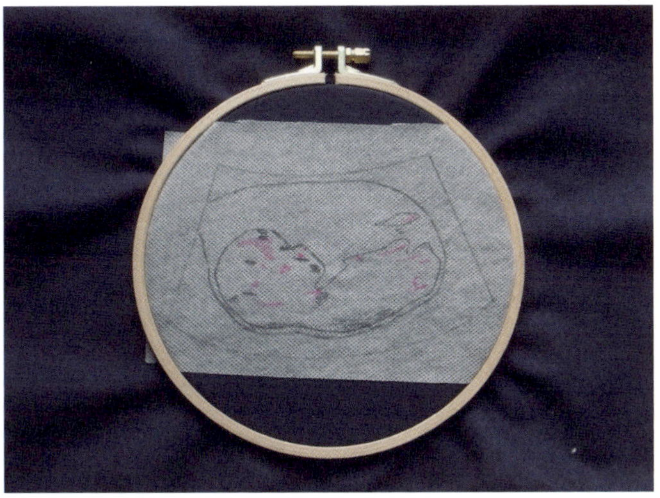

5. Reportez ce dessin sur le Solufix. Collez le Solufix sur votre tissu et tendez le tambour. Si votre tissu est trop fin, il est possible de l'utiliser en tendant 2 épaisseurs de celui-ci, comme ici.

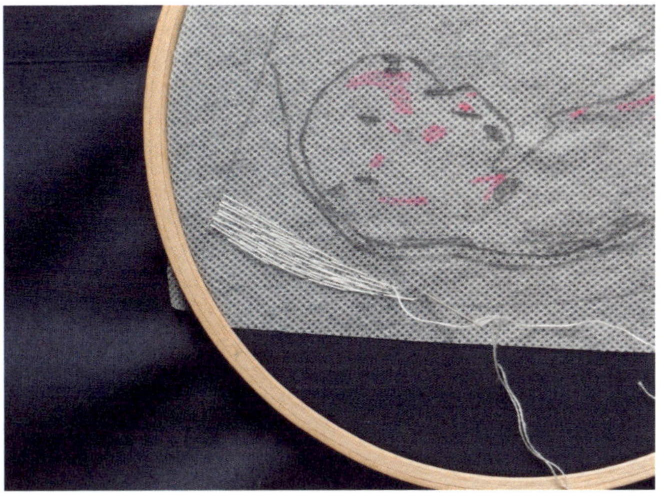

6. Commencez à broder l'environnement autour du bébé. La broderie va s'effectuer au point lancé au fil écru. Une seule couleur suffit, c'est la densité des points qui va faire apparaître les différentes nuances. Pour obtenir l'effet échographie, nous allons broder une succession de petits traits. Avec 1 seul brin, brodez des points horizontaux d'environ 1 cm. Ils n'ont pas besoin d'être réguliers, l'important est qu'ils ne se croisent pas et restent parallèles. Ils peuvent se mettre les uns à la suite des autres, mais aussi s'imbriquer entre 2 épaisseurs de points.

7. Concentrez-vous sur une zone à remplir, puis changer de zone. Vous êtes en train de broder le point lancé. C'est un point qui ressemble au passé plat, mais qui est moins dense et régulier que ce dernier. Il est normal que l'on puisse distinguer le tissu derrière les points lancés. La taille des points lancés peut se réduire dans les zones plus étroites.

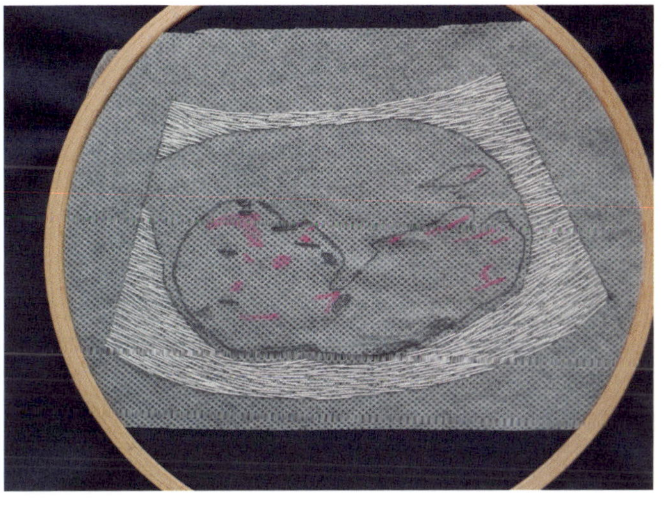

8. Terminez la broderie de l'environnement autour du bébé. Les contours de l'environnement sont des repères de remplissage, mais ne seront pas brodés. Ne cherchez pas à obtenir des contours trop nets, ceux de votre échographie d'origine ne le sont pas.

Astuce :

Ayez toujours l'échographie d'origine auprès de vous comme référence.

9. Passez à la broderie du bébé. Rappelez-vous que les zones en rose et les contours du bébé ne doivent pas être brodées.
Les zones en noir sur le Solufix doivent quant à elles être brodées de manière plus dense que le reste.
En ayant en tête ces informations, brodez le bébé de la même manière que son environnement, en réduisant la taille des points lancés si besoin.

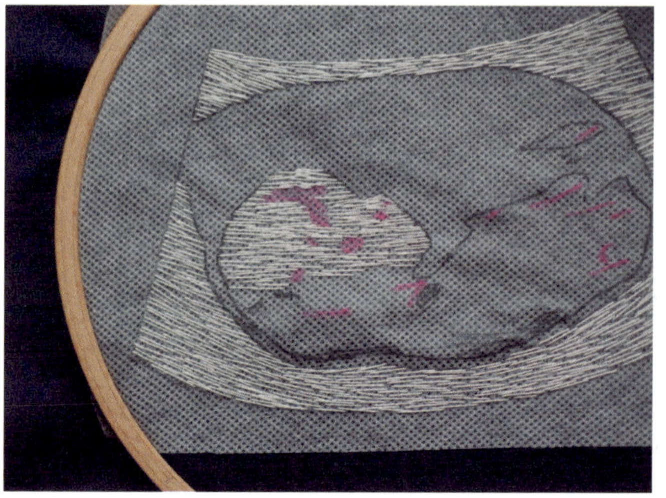

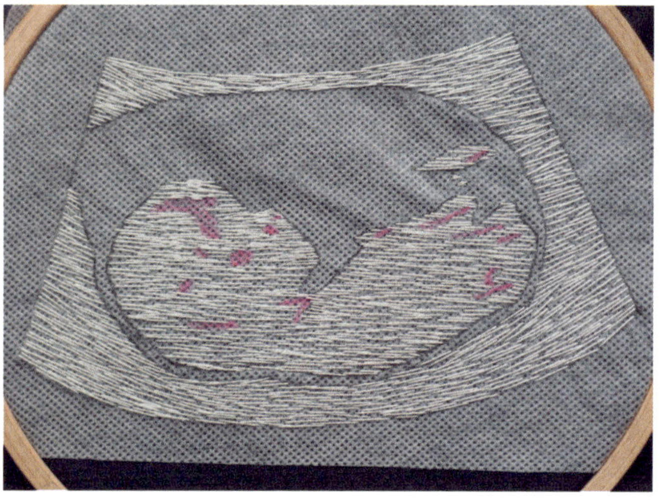

10. Continuez à broder le bébé en vous référant à l'échographie d'origine et à votre dessin préliminaire.

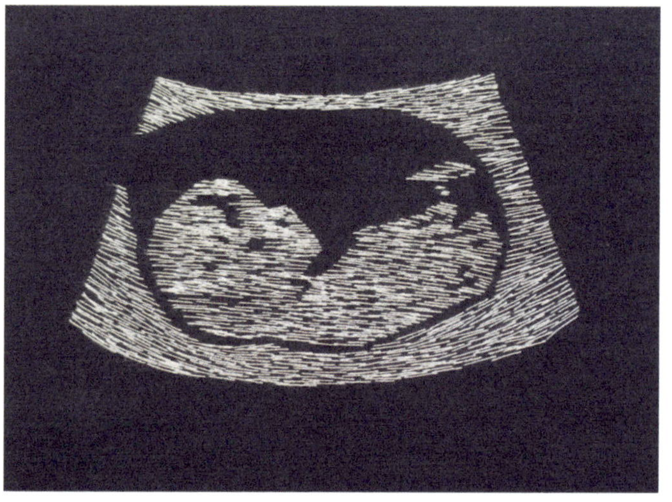

11. Une fois la broderie terminée, retirez le tissu du tambour et dissolvez le Solufix (voir T-shirt à message, étape 10, p. 55). L'échographie brodée va enfin se dévoiler sur le tissu. Repassez le tissu une fois sec.

FINITION DOS FEUTRINE

12. Passez à la finition du dos avec l'envers caché. Tracez sur la feutrine le contour extérieur du cercle intérieur du tambour.

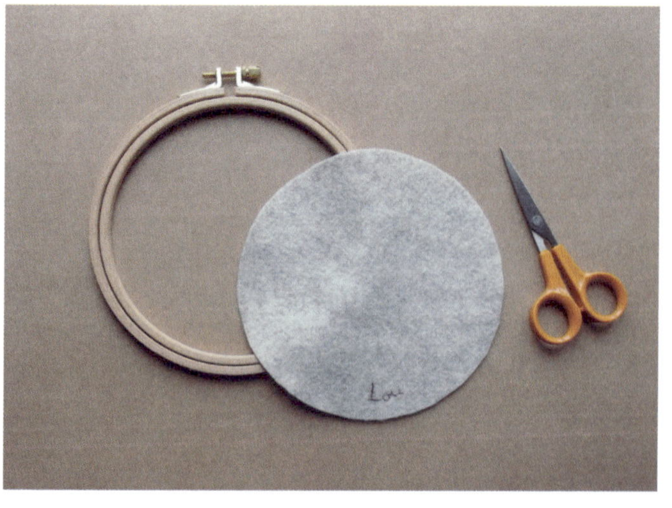

13. Si vous le souhaitez, c'est le moment de broder par exemple le prénom du bébé sur la feutrine au point arrière ou au point de tige. Coupez ensuite le cercle de feutrine.

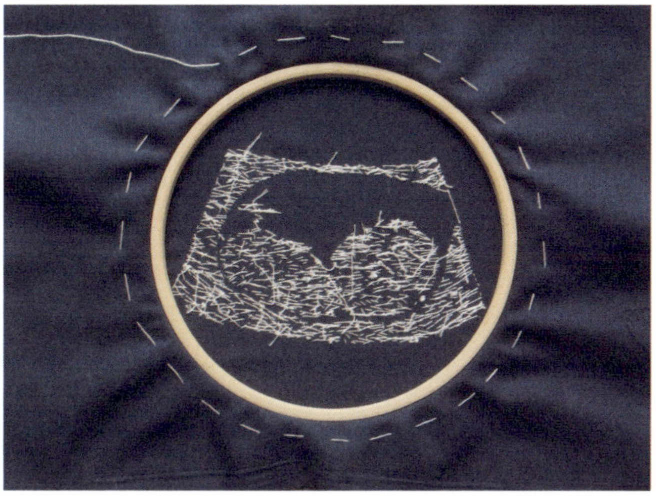

14. Tendez la broderie dans le tambour, veillez à ce qu'elle soit bien centrée et serrez la vis. Enfilez une aiguille avec un fil épais type cordonnet ou coton perlé et faites un nœud solide à l'extrémité. Prévoyez un fil assez long pour pouvoir faire tout le tour du tambour. Sur l'envers du tambour, faites une rangée de point avant d'environ 1 cm de long à environ 1,5 cm du tambour. Laissez de la longueur de fil pour l'arrêter plus tard.

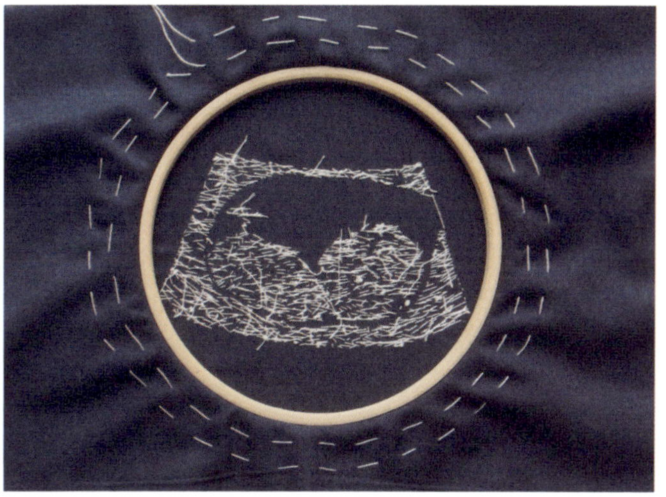

15. Répétez l'étape 14 à environ 1 cm du premier rang de points avant.

16. Tirez sur les 2 fils pour froncer le tissu. Arrêtez solidement les 2 fils une fois le tissu suffisamment froncé. Coupez l'excédent de tissu à environ 2 cm du fil.

17. Épinglez le disque de feutrine et fixez-le au tissu avec un point de feston à 2 brins, au fil assorti ou contrasté à la feutrine.

18. L'envers est désormais caché par le disque de feutrine.

T-shirt à message

Les T-shirts à messages brodés sont toujours une bonne idée de cadeau ! Je vous propose ici une version inclusive avec un alphabet en langue des signes. Vous pouvez également adapter cette technique pour personnaliser tout autre textile. Et vous, quel message allez-vous broder ?

Matériel :

- T-shirt, de préférence dans une maille non transparente avec un peu de tenue
- Tambour à broder entre 10 et 12 cm de diamètre
- Environ 20 × 20 cm de Solufix à adapter selon la taille du message
- Fils à broder DMC Mouliné Spécial : gris, coloris 3799 ; rose, coloris 3685

Points utilisés :

- Point arrière, voir p. 13
- Point de passé plat, voir p. 15

Alphabet :

SOEURS

Astuce :
La lecture peut se faire de façon verticale ou horizontale et le message peut se situer au dos, devant, à l'encolure, sur la manche ou encore sur le côté du T-shirt, par exemple.

1. Composez votre message à l'aide de l'alphabet en langue des signes proposé (disponible en suivant le lien du QR code p. 50), à la taille qui vous conviendra. Choisissez ensuite l'orientation et l'emplacement du message sur le T-shirt. Vous pouvez aussi choisir de broder le message en langue des signes sans traduction, pour plus de subtilité. Lavez le T-shirt s'il est neuf et repassez-le si besoin.

2. Transférez votre message sur le Solufix. Si besoin, mesurez et centrez le message, puis collez le Solufix sur le T-shirt.

3. Maintenez le Solufix par 1 point avant provisoire afin qu'il ne se décolle pas pendant la broderie. Utilisez un petit tambour que vous déplacerez au cours de la broderie. Cela permet de ne pas déformer la matière qui n'est pas stabilisée par le Solufix. Placez votre tambour sans trop tendre le T-shirt, simplement pour lui donner un peu de tenue. Retirez le tambour du T-shirt entre chaque session de broderie afin de ne pas déformer la matière.

4. Brodez le contour des mains au fil gris au point arrière à 2 brins. Réduisez la taille du point arrière dans les courbes et les détails afin d'obtenir de la précision.

5. Arrêtez le fil entre chaque main pour ne pas avoir des fils flottant sur l'envers du T-shirt qui pourraient créer de la tension.

6. Brodez les ongles au passé plat 2 brins en utilisant un fil rouge. Si votre aiguille commence à s'imprégner de la colle du Solufix, vous pouvez la nettoyer avec de l'alcool modifié.

7. Brodez le contour des lettres au point arrière à 2 brins gris.

8. Brodez une ligne de points arrière au milieu de la lettre.

9. Brodez toutes les lettres de la même technique.

10. Une fois la broderie terminée, retirez les points de maintien du papier transfert et faites tremper le T-shirt dans l'eau une quinzaine de minutes. Le Solufix va se dissoudre. S'il reste un peu de colle, elle partira au premier lavage.

11. Une fois sec et repassé, votre T-shirt est prêt à être offert. Suivez les instructions de lavage du vêtement choisi, en ne dépassant cependant pas les 30 °C si vous optez pour un lavage à la machine.

Couverture en monogramme fleuri

Le monogramme brodé existe depuis plusieurs siècles : c'est un incontournable de la broderie. Je vous propose ici une version moderne, rafraîchissante et fleurie afin d'orner un livre, un carnet de santé, un cahier ou un journal intime. Et pourquoi ne pas décliner ce monogramme sur le dos d'une veste ou un tote bag ?

Matériel :

- Tambour à broder
- Toile de coton de 30 × 110 cm
- Fils à broder DMC Mouliné Spécial : bleu, coloris 3808 ; vert, coloris 502 ; jaune, coloris 783 ; orange, coloris 3853 ; beige, coloris 841 ; marron, coloris 3869
- Fil à coudre assorti à la toile de coton
- Carnet de santé, cahier, livre au choix
- Machine à coudre (facultative)

Points utilisés :

- Point arrière, voir p. 13
- Point de graine, voir p. 15
- Point de passé plat, voir p. 15
- Point de bouclette, voir p. 14
- Point de surjet, voir p. 15

Alphabet :

Astuce :
Pensez bien, en composant le monogramme, que le contour de la lettre ne sera pas brodé, mais que ce sont les éléments floraux qui le dessineront. Veillez donc à créer une composition assez dense où les éléments touchent les contours de la lettre.

1. Imprimez la lettre désirée d'après l'alphabet disponible via le QR code p. 56, à la taille de votre choix. Sélectionnez 3 éléments floraux parmi la bibliothèque florale (voir p. 76) : une grosse fleur comme élément principal, un élément moyen et un petit élément végétal de remplissage. Choisissez ensuite une palette d'environ 6 couleurs.

2. Décalquez le contour de la lettre. Dessinez à l'intérieur de celle-ci l'élément floral principal, ici la marguerite bleue. Répartissez cette fleur à plusieurs endroits à l'intérieur de la lettre.

3. Dessinez ensuite le deuxième élément floral. Il peut apparaître entièrement ou partiellement, et sa taille et sa couleur peuvent varier. Les zones restantes seront remplies par le feuillage de remplissage.

4. Définissez les dimensions de la couverture cahier. J'ai choisi d'utiliser un carnet de santé dont les dimensions sont de 15 × 21 cm, mais voici la marche à suivre pour adapter les dimensions à tout carnet, cahier ou livre de votre choix.

Nous parlerons de A pour la largeur du carnet et de B pour sa hauteur. Ici, A est égal à 15 cm et B à 21 cm.

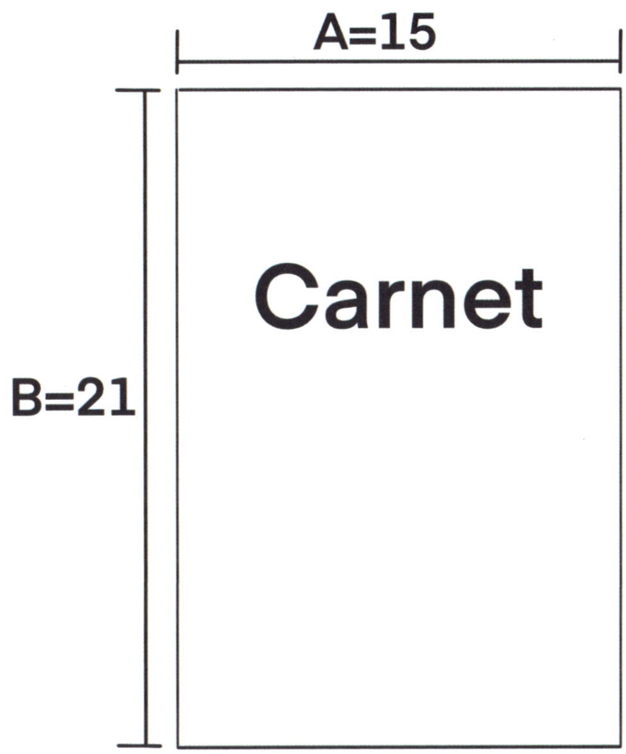

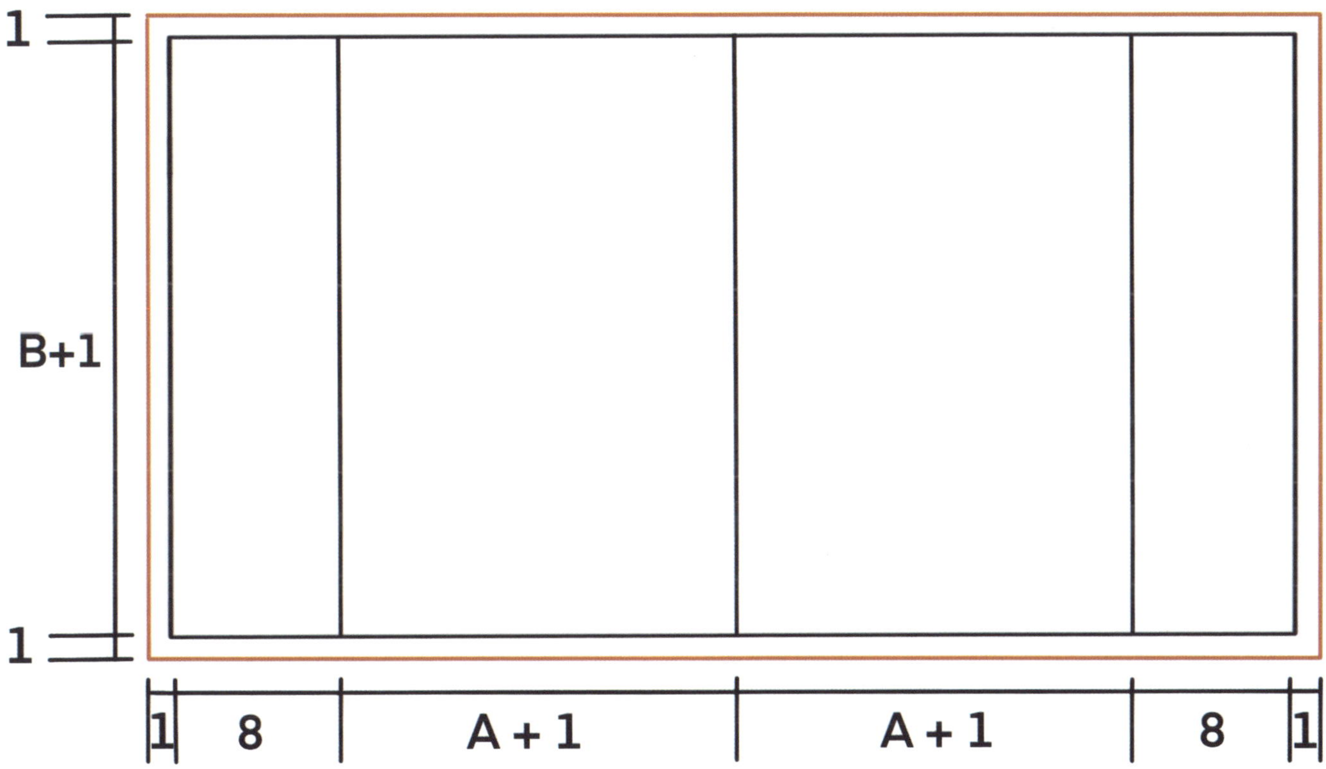

5. Dans votre tissu, coupez 2 rectangles d'après le calcul suivant : pour la largeur, comptez 1 cm de valeur de couture de chaque côté (ici dessiné en orange) soit 2 cm, puis 8 cm de rabat de chaque côté soit 16 cm, puis 2 fois la valeur A soit 30 cm plus 2 cm d'aisance, soit ici 2 + 16 + 30 + 2 = 50 cm.

Pour la hauteur, comptez 1 cm de valeur de couture de chaque côté, 1 fois la valeur B plus 1 cm d'aisance, soit ici 2 + 21 + 1 = 24 cm. Mes deux rectangles de tissu (tissu brodé et doublure) mesurent donc chacun 50 × 24 cm.

6. Afin de placer au mieux votre broderie, tracez au stylo effaçable sur l'endroit du tissu brodé le milieu vertical, ainsi que la ligne des 2 rabats, ici en rose. Si le stylo laisse des marques sur votre tissu, passez dès à présent un fil comme indiqué à l'étape 12.

7. Transférez le monogramme en veillant à bien le centrer sur la couverture du carnet et tendez le tissu dans le tambour.

8. Brodez les plus grosses fleurs. J'ai utilisé ici le point arrière à 2 brins pour les contours des pétales, et le point de graine à 2 brins pour le cœur des marguerites.

9. Passez à la broderie des fleurs moyennes. J'ai utilisé le point de passé plat à 2 brins avec un fil plus foncé pour remplir le centre.

10. Complétez les vides avec les végétaux de remplissage. J'ai utilisé le point de bouclette à 2 brins que j'ai rempli avec quelques points passant par-dessus la bouclette.

11. Continuez à remplir le monogramme avec des petites feuilles afin que la lettre se distingue bien du tissu.

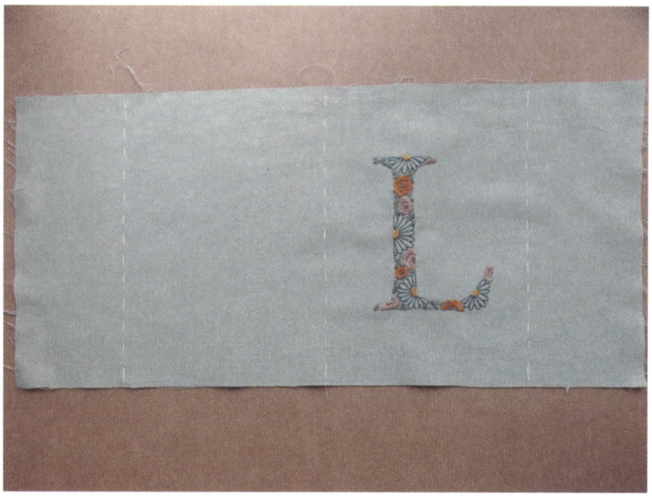

12. Une fois la broderie terminée, faites 1 point avant sur les lignes des rabats et de la pliure tracées au stylo FriXion® à l'étape 6. Repassez ensuite la broderie.

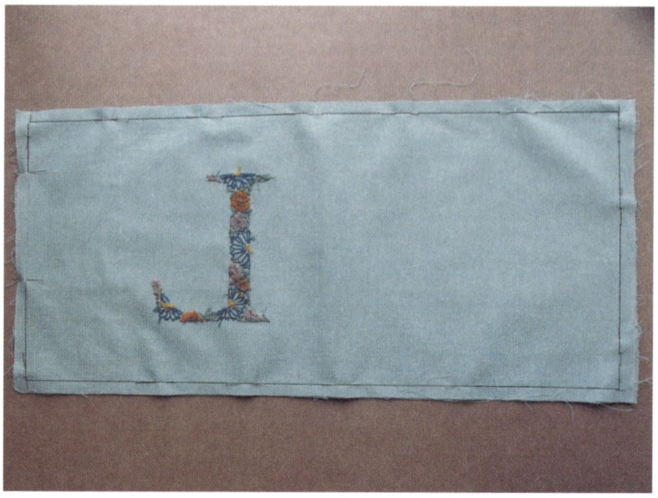

13. Positionnez la couverture du carnet et sa doublure envers contre envers. Épinglez et piquez à 1 cm du bord en laissant une ouverture d'environ 10 cm sur le côté. Si vous n'avez pas de machine à coudre, vous pouvez effectuer cette piqûre à la main au point arrière avec un fil à coudre assorti.

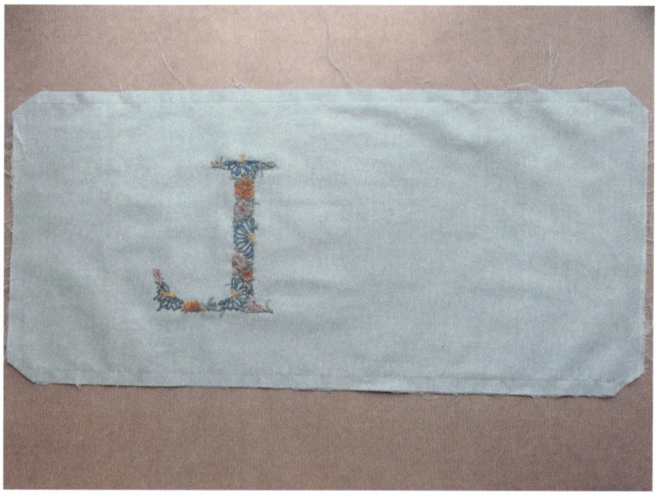

14. Une fois la couture terminée, coupez en biseau les angles à 3 mm de la couture afin de dégarnir la matière.

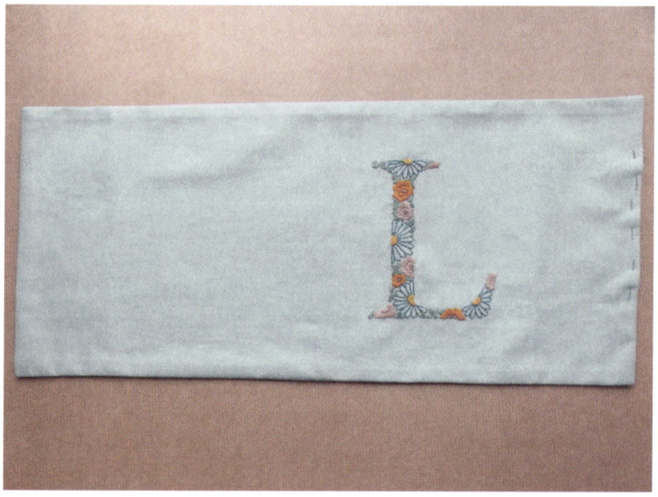

15. Retournez le tout grâce à l'ouverture laissée à l'étape 13, faites bien ressortir les angles et repassez les coutures pour les aplatir. Fermez l'ouverture par des épingles.

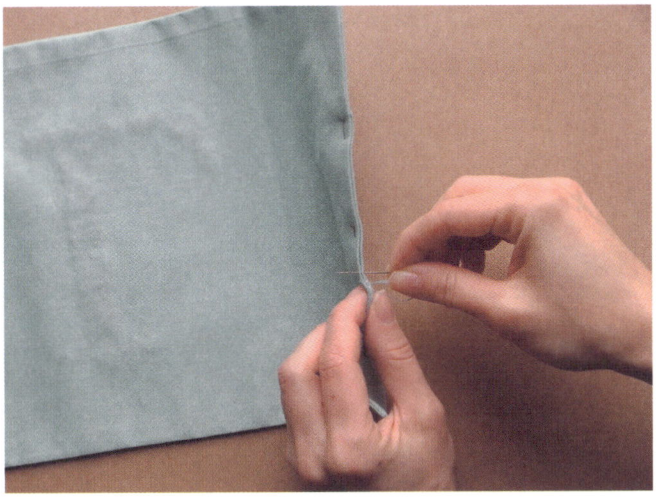

16. Fermez l'ouverture par 1 point de surjet au fil à coudre assorti à votre tissu.

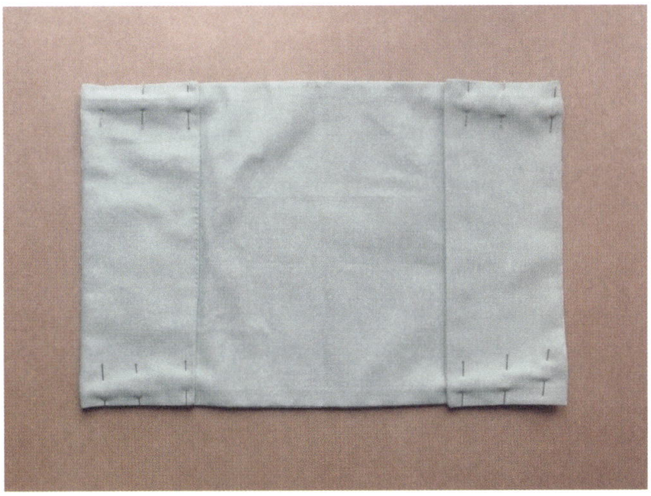

17. Repliez les rabats sur les lignes marquées par les points avant et épinglez-les en place.

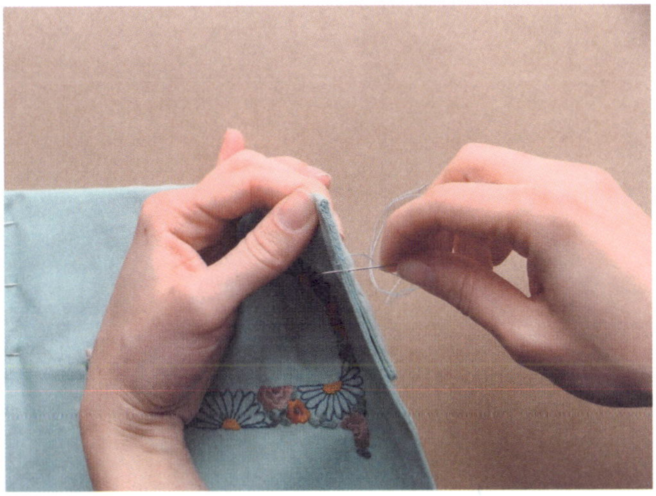

18. Maintenez les rabats par un point de surjet au fil à coudre assorti à votre tissu.

19. Retirez les points avant qui marquaient les pliures. Repassez et glissez le carnet dans sa couverture.

Décorations de Noël

Ces adorables suspensions de style scandinave trouveront leur place dans de nombreuses décorations de Noël. De plus, elles sont très agréables à réaliser, parfaites pour se mettre dans une ambiance festive ! Découvrez le point de nuage, ainsi que la pose de perles.

Matériel :

- Environ 30 × 30 cm de feutrine rouge
- Environ 20 × 20 cm de Solufix
- 60 cm de ruban de dentelle de 0,7 cm de large
- Fils à broder DMC Mouliné Spécial : écru, coloris 712 ; rouge, coloris 321 (choisissez un rouge assorti à la feutrine)
- Perles de rocailles blanches
- Chutes de ouate ou collant filé pour le rembourrage
- Aiguille à perle

Points utilisés :

- Point arrière, voir p. 13
- Point avant, voir p. 13
- Point de chaînette, voir p. 14
- Point de bouclette, voir p. 14
- Point de passé plat, voir p. 15
- Point de surjet, voir p. 15
- Point de nuage

Gabarits :

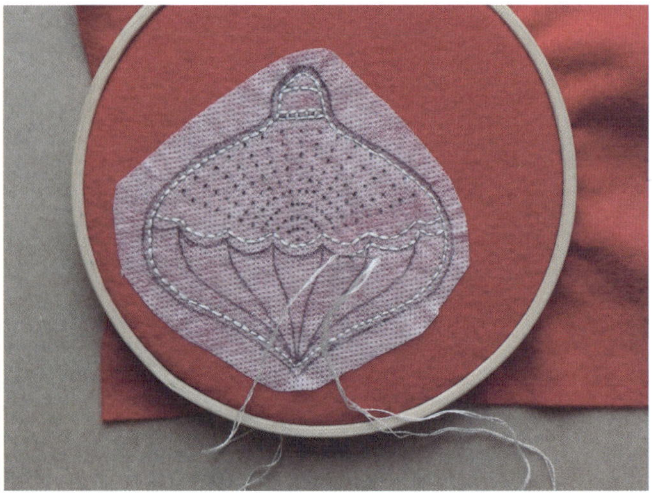

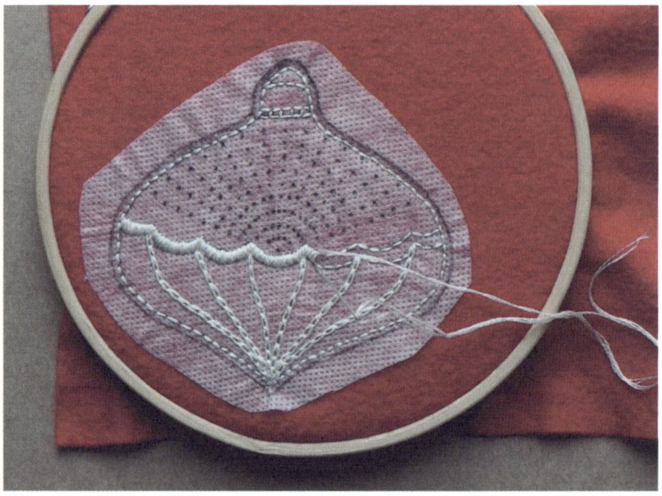

1. Collez le motif transféré sur le Solufix sur la feutrine et tendez-la sur le tambour. Ce motif se brode intégralement au fil écru 2 brins. Brodez au point arrière le contour intérieur de l'ornement, les détails de l'accroche et les 2 lignes centrales en forme d'écailles.

2. Brodez au point de chaînette les lignes de la moitié inférieure de l'ornement. Brodez au passé plat en passant de part et d'autre des 2 lignes d'écailles au milieu de l'ornement.

3. Enfilez une aiguille à perles avec 1 brin pris à double. Nouez l'extrémité, et sortez sur un point qui marque l'emplacement d'une perle. Passez l'aiguille dans la perle et plantez-la sur le point d'emplacement de la perle. Tirez le fil et ressortez l'aiguille sur le point suivant. Procédez par demi-cercle et continuez le remplissage de perles.

CHEVAL

1. Collez le motif transféré sur le Solufix sur la feutrine et tendez-la sur le tambour. Ce motif se brode intégralement au fil écru 2 brins. Brodez au point arrière les contours intérieurs du cheval. Brodez au point de chaînette les lignes des pattes, de la selle et du licol.

2. Brodez les détails de la selle : la fleur au point de bouclette, les petits traits et les étoiles.

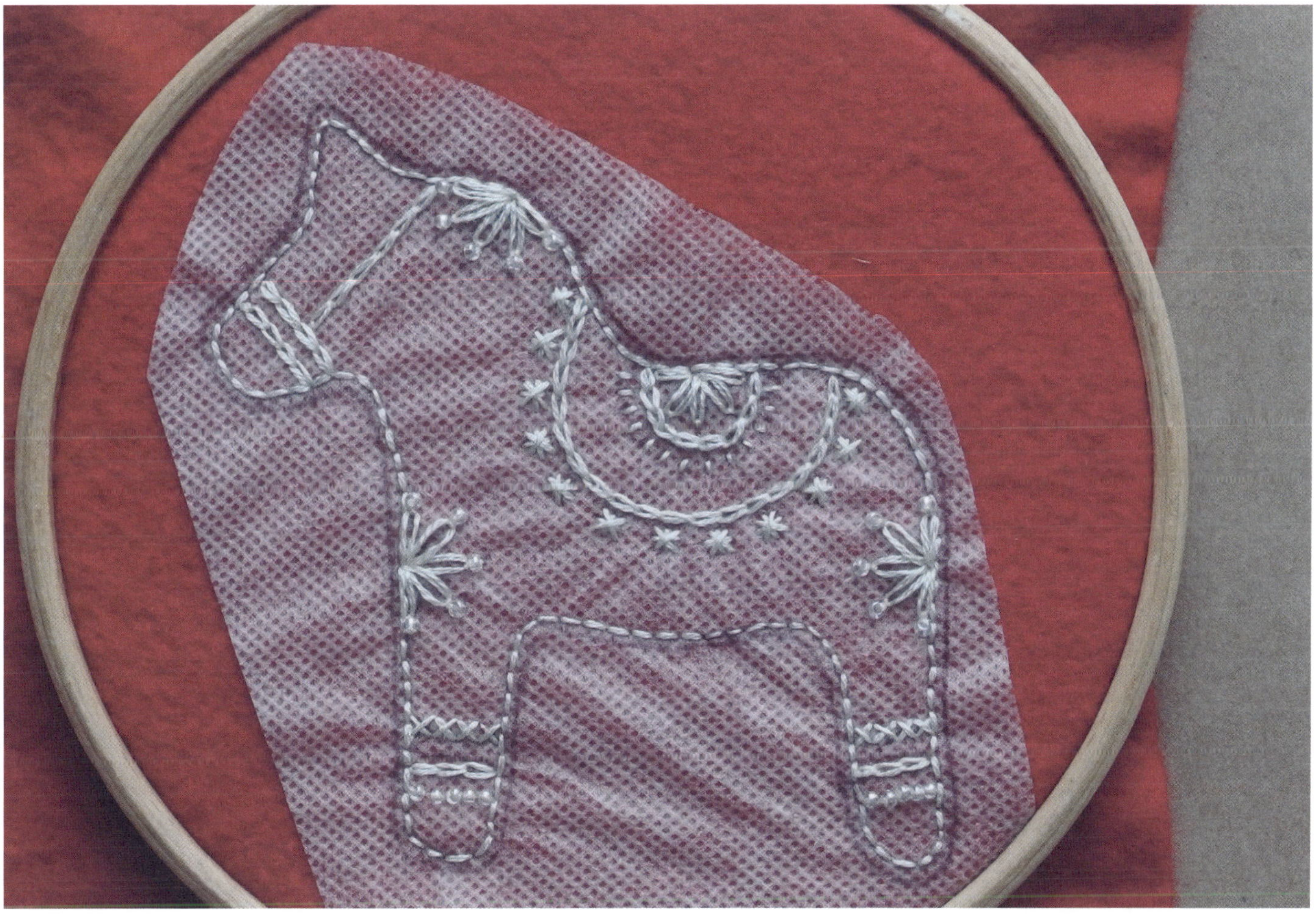

3. Brodez les croix sur les pattes, les fleurs au point de bouclette et ajoutez les perles sur les points (voir étape 3 de l'ornement, p. 66).

MAISON

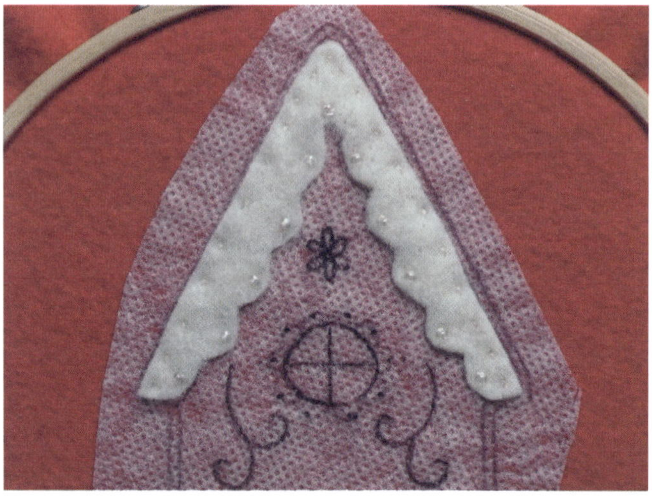

1. Coupez le toit dans la feutrine écrue. Transférez et collez le motif en Solufix sur la feutrine rouge, puis tendez le tambour. Fixez le bord extérieur du toit par un petit point avant au fil écru 2 brins. Posez 1 perle sur chaque arrondi du bord intérieur.

2. Toujours au fil écru 2 brins, brodez les contours de la maison et l'intérieur de la fenêtre au point arrière. Brodez au point de chaînette les contours de la porte, de la fenêtre et des arabesques. Terminez par les détails de la porte, la fleur au point de bouclette et les perles.

3. Brodez les colombages au point de nuage. Commencez par brodez un petit point vertical sur chaque point du motif au fil rouge 2 brins.

4. Avec 1 brin écru, sortez l'aiguille sur la 2e ligne et passez sous le point rouge, puis sous le point rouge de la 1re ligne. Alternez de cette façon entre la 1re et la 2e ligne.

5. Brodez de la même manière la 2e et la 3e ligne, afin de former un motif de losange avec le fil écru. Continuez ainsi pour l'ensemble des points rouges.

L'ASSEMBLAGE DES DÉCORATIONS :

1. Une fois la broderie terminée, découpez les décorations sur le trait extérieur.

2. Mettez à dissoudre le Solufix dans un bol d'eau, puis laissez sécher. Épinglez chaque décoration sur la feutrine et découpez autour de la forme pour obtenir le dos de la décoration.

3. Laissez les 2 épaisseurs épinglées ensemble. Coupez 20 cm de ruban de dentelle pour chaque décoration, pliez-le en 2 et épinglez-le sur le dos de la décoration entre les 2 épaisseurs de feutrine. Avec 2 brins rouges, fixez le ruban avec quelques points de surjet.

4. Avec le même fil, solidarisez les 2 épaisseurs de feutrine avec 1 point de surjet. Faites arriver le point jusqu'au bord du contour blanc. Laissez une ouverture d'environ 3 cm pour rembourrer la décoration. Retirez les épingles.

5. Insérez le rembourrage dans la décoration. Poussez avec un crayon afin de bien la répartir partout.

6. Terminez le point de surjet afin de fermer l'ouverture de la décoration.

Couronne végétale

Cette couronne végétale trouvera sa place en toute saison, que ce soit au-dessus d'une cheminée, sur une porte ou sur un mur. La technique du double tambour fait toute son originalité et apporte une touche de légèreté et de modernité à la broderie.

Matériel :

- Tambours à broder : 1 de 30 cm de diamètre et 1 de 15 cm de diamètre
- Toile de lin de 40 × 40 cm
- Fils à broder DMC Mouliné Spécial : bleu canard, coloris 3847 ; bleu clair, coloris 3813 ; vert d'eau, coloris 502 ; vert olive, coloris 580 ; jaune, coloris 783 ; marron, coloris 167
- Colle liquide
- Pinces à linge
- Cure-dent
- Scotch

Points utilisés :

- Point arrière, voir p. 13
- Point de tige, voir p. 13
- Point de graine, voir p. 15
- Point de passé plat, voir p. 15

Motif :

Astuce :
Le lin se tend et s'adapte facilement aux courbes contrairement au coton qui peut former de petits plis indésirables lors du montage des deux tambours.

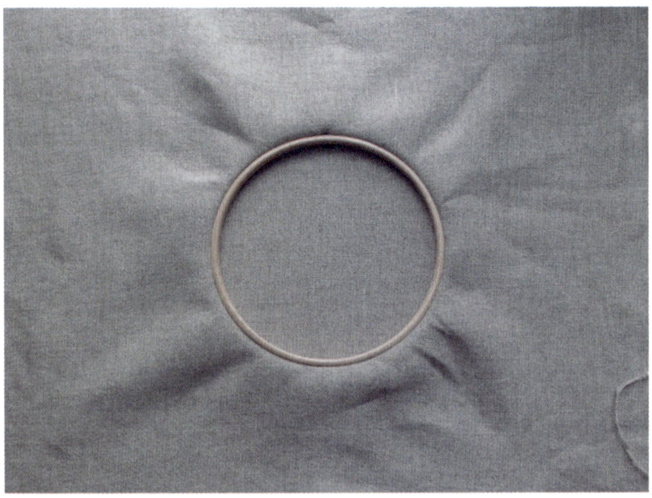

1. Tendez la toile au centre du petit tambour. Retournez la toile afin que ce tambour soit face contre la table.

2. Tendez la toile dans le grand tambour en veillant à centrer le petit tambour. Prenez le temps de bien tendre le tissu afin qu'il n'y ait plus de plis. Serrez bien les vis des 2 tambours.

3. Imprimez et assemblez le motif avec du scotch.

4. Placer le motif sur l'envers du tissu et centrez-le en positionnant le cercle central du motif de la couronne à environ 3 cm du tambour intérieur. Scotchez-le à la toile.

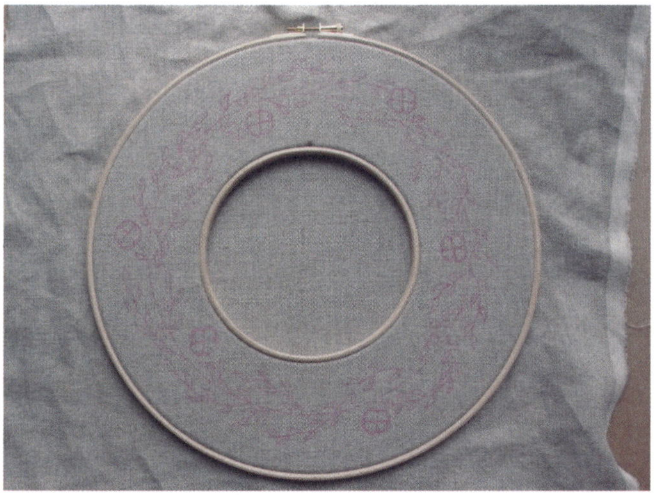

5. Décalquez le motif sur l'endroit avec un stylo FriXion®.

6. Retirez le motif en papier. Avec de petits ciseaux pointus, percez la toile à l'intérieur du petit tambour. Dégarnissez à environ 1,5 cm du bord, puis crantez tous les 2 cm environ.

7. Collez les languettes de tissu crantés sur le bord extérieur du petit tambour. Attention à ne pas mettre de colle sur le tissu visible, seulement sur les languettes. Vous pouvez utiliser des pinces à linge pour que la colle sèche en place.

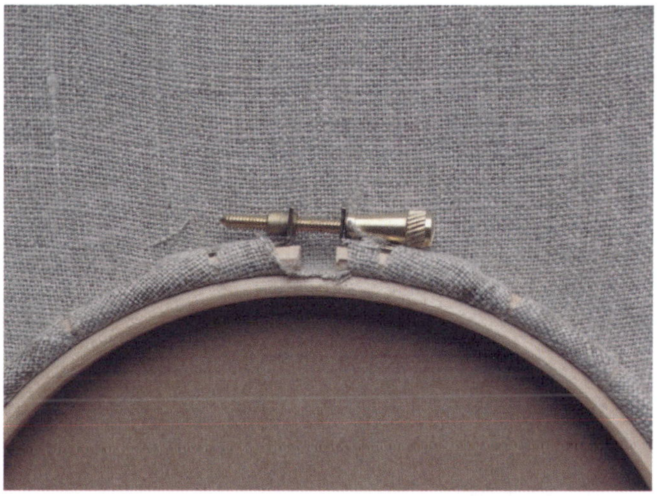

8. Un creux visible sur l'endroit se forme au niveau de la vis, à l'endroit où se rejoignent les extrémités du cercle extérieur du petit tambour. Coupez ici la languette à ras du tambour. Appliquez un point de colle avec un cure-dent dans le creux et appuyez pour maintenir la colle.

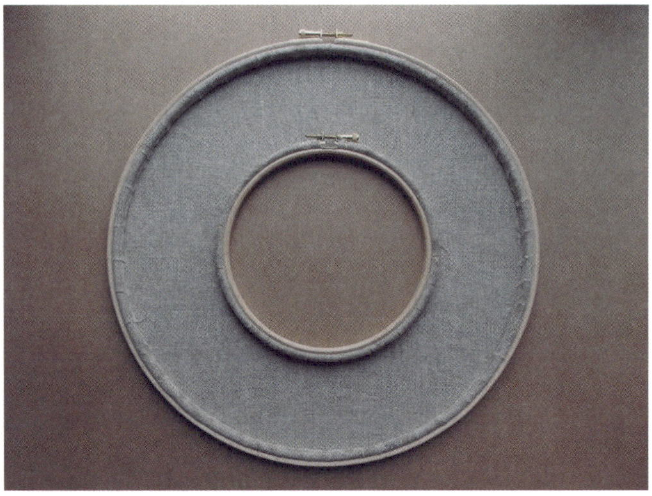

9. Répétez les étapes 6 et 7 pour la finition du grand tambour. Les languettes crantées se colleront sur le bord intérieur du grand tambour.

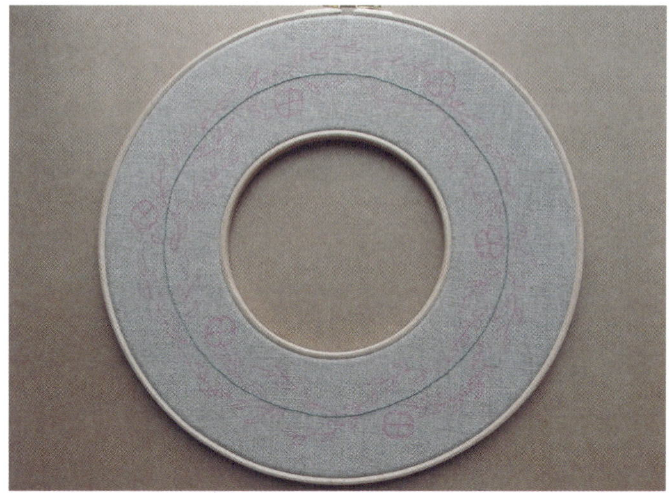

10. Brodez le cercle central de la couronne au point de tige avec 2 brins vert d'eau. Manipulez les tambours avec précaution tout au long de la broderie.

11. Brodez les tiges au point de tige avec 2 brins et les feuilles au passé plat.

12. Alternez les nuances de bleu et de vert en vous référant au schéma.

13. Brodez les contours des fleurs au point arrière avec 2 brins jaunes.

14. Brodez l'extrémité des pétales au passé plat avec 2 brins jaunes. Le passé plat passe de part et d'autre des 2 lignes de points arrière.

15. Brodez le cœur des fleurs au point de graine avec 2 brins marron en faisant 2 tours par point.

16. Une fois la broderie terminée, repassez la couronne à la vapeur, pour retendre les fibres qui ont pu s'amollir au cours de la broderie et pour effacer les tracés. Si vous le souhaitez, vous pouvez ajouter un lien de suspension à la vis du tambour.

Bouquet de mariage

Que diriez-vous d'un bouquet qui ne fane jamais ? D'immortaliser des fleurs choisies avec soin pour un jour très spécial ? Ce bouquet de mariage brodé ravivera des souvenirs exceptionnels. Ce projet, un peu plus ambitieux que les précédents, est un bel exercice de composition.

Matériel :

- Tambour à broder de 16 cm
- Toile de coton de 25 × 25 cm
- Fils à broder DMC Mouliné Spécial : verts, coloris 502, 580, 3847 ; roses, coloris 356, 915, 3685 ; beiges, coloris 739, 841, 3860
- Disque de feutrine de 16 cm de diamètre
- Photo du bouquet à broder
- Papier calque
- Crayons de couleur

Points utilisés :

- Point de passé plat, voir p. 15
- Point de graine, voir p. 15
- Point de tige, voir p. 13
- Point de feston (finition dos), voir p. 14

Bibliothèque de fleurs et végétaux :

1. Munissez-vous d'une photo imprimée du bouquet, adaptée à la taille de votre tambour et du papier calque. À partir de votre photo, déterminez une palette d'environ 10 couleurs. Dans ce bouquet, j'observe 3 tons principaux : des tons verts, roses et beiges. Pour chaque ton, choisissez 2 à 3 nuances. J'ai sélectionné 3 nuances de vert, 3 nuances de rose et 3 nuances de beige. Choisissez ensuite les fils correspondant à vos couleurs.

2. Repérez les fleurs les plus grosses et les plus voyantes du bouquet. Dans l'exemple choisi, il s'agit des roses. Sur votre papier claque, tracez au crayon de couleur la forme des roses en simplifiant les contours. Vous pouvez vous aider de la bibliothèque de fleurs et de végétaux disponible.

Note :

On ne cherche pas à être réaliste et à reproduire le bouquet en détail : il est déjà immortalisé par une photo. Cette composition se pense et se travaille dans sa globalité et non dans l'individualité de chaque végétal. Si vous dessinez une fleur qui ne ressemble pas à une fleur, ce n'est pas un problème, on cherche ici à représenter des taches de couleurs, des textures florales, des impressions végétales, pour une sensation globale du bouquet.

3. Passons aux fleurs de taille moyenne, il s'agit ici des dahlias et des œillets. Tracez ces fleurs à l'aide de formes simples et de la bibliothèque.

4. Finissez par les petites fleurs et les végétaux toujours en simplifiant les lignes et en supprimant certains éléments non essentiels.

5. Retirez le calque et observez le rendu. Vous pouvez agrandir certaines fleurs et combler, si besoin, les trous par des végétaux, afin d'obtenir une sorte de boule assez dense qui représente votre bouquet. Référez-vous à votre photo. Reportez ensuite le dessin sur votre tissu.

6. Effectuez la broderie dans le même ordre que le dessin. Commencez par les plus grosses fleurs. Remplissez les formes avec du passé plat à 2 brins. Les délimitations des couches de pétales, ainsi que le choix d'inclinaison des points vont créer du volume et de la profondeur.

7. Continuez à broder les fleurs avec le point de passé plat en suivant votre tracé. Limitez-vous à 1 ou 2 couleurs différentes pour un même type de fleur ou de végétal, afin de simplifier la composition.

8. Brodez ensuite les feuillages. Pour ces petites feuilles, j'ai utilisé le point de bouclette avec 1 ou 2 points lancés passant par-dessus, afin d'obtenir un peu de volume.

9. Pour les eucalyptus, j'ai utilisé le point de tige et le point de passé plat à 2 brins.

10. Terminez le bouquet avec les derniers végétaux. Vous pouvez les broder au point de graine, afin d'ajouter de la texture et de la variété à la composition. Avec une dernière nuance de vert plus foncé, brodez les dernières feuilles autour du bouquet au passé plat 2 brins. Utilisez également ce fil pour compléter, par quelques points de passé plat, les espaces vides à l'intérieur du bouquet. Ce remplissage va créer du contraste et faire ressortir les fleurs. Il va également donner de la densité et de la profondeur au bouquet.

11. Effacez les tracés et recentrez la broderie dans le tambour si besoin.

12. Terminez le dos par une finition collée (voir Couronne végétale, p. 73) ou feutrine (voir Échographie brodée, p. 48) selon votre choix.

Remerciements de l'autrice

Merci à ma famille, amis et collègues pour leur enthousiasme concernant ce livre et merci tout particulièrement à Valentin de m'accompagner et me soutenir au quotidien dans mes projets. Merci à Leslie et Joël pour l'échographie de Lou.

Un grand merci à Estelle, Clara et toute l'équipe qui a donné vie à ce bel ouvrage !

Liens URL des QR codes :

Modèle du cadre photo : https://www.mangoeditions.com/qrcode/ressources/MN35876_Cadeaux/index.php?cadeau=1

Alphabet et motif du porte alliances sur tambour : https://www.mangoeditions.com/qrcode/ressources/MN35876_Cadeaux/index.php?cadeau=2

Alphabet du T-shirt à message : https://www.mangoeditions.com/qrcode/ressources/MN35876_Cadeaux/index.php?cadeau=3

Alphabet de la couverture en monogramme fleuri : https://www.mangoeditions.com/qrcode/ressources/MN35876_Cadeaux/index.php?cadeau=4

Gabarits des décorations de Noël : https://www.mangoeditions.com/qrcode/ressources/MN35876_Cadeaux/index.php?cadeau=5

Motif de la couronne végétale : https://www.mangoeditions.com/qrcode/ressources/MN35876_Cadeaux/index.php?cadeau=6

Bibliothèque de fleurs et végétaux du bouquet de mariage : https://www.mangoeditions.com/qrcode/ressources/MN35876_Cadeaux/index.php?cadeau=7

Direction : Guillaume Pô
Direction éditoriale : Tatiana Delesalle
Édition : Estelle Hamm et Clara Soupart
Préparation de copie : Emmà Landi
Direction artistique : Chloé Eve, assistée d'Elise Goudelin
Mise en pages : Lucile Jouret
Photographie : Fabrice Besse
Stylisme : Sonia Roy
Direction de fabrication : Thierry Dubus
Suivi de fabrication : Marie Guibert

N° d'édition : 24L0911
ISBN : 9782317035876
Code MDS : MN35876

Achevé d'imprimer en août 2024 par Rotolito Romania (Roumanie)

www.mangoeditions.com
Dépôt légal : septembre 2024